세계를 무대로 미래의 비즈니스를 펼쳐라

21세기 글로벌 인재의 조건

SEKAI DE KATSUYAKU SURU HITOWA, DONNA SENRYAKU SHIKOU O SHITE IRUNOKA?
by MAKOTO SHIONO
Copyright © 2015 MAKOTO SHIONO
Korean translation copyright © 2016 JINSUNG BOOKS. All rights reserved.
Edited by CHUKEI PUBLISHING.

First published in Japan in 2015 by KADOKAWA CORPORATION, Tokyo.
Korean translation rights arranged with KADOKAWA CORPORATION, Tokyo
through Danny Hong Agency.

이 책의 한국어판 저작권은 대니 홍 에이전시를 통한 저작권사와의 독점 계약으로 진성북스에 있습니다.
저작권법에 의해 한국 내에서 보호 받는 저작물이므로 무단전재와 복제를 금합니다.

세계를 무대로 미래의 비즈니스를 펼쳐라

21세기 글로벌 인재의 조건

시오노 마코토 지음 / 김성수 옮김

진성북스
JINSUNGBOOKS

글로벌 비즈니스 인재의
성공을 위하여

기업이나 정부기관, 대학을 비롯해 우리 사회에서 가장 많이 언급되는 어휘 가운데 하나는 '글로벌(global)'이다. '창의적 사고'와 '융합', '인공 지능' 등과 함께 글로벌이라는 어휘는 이 세계의 인적·물적·제도적 교류의 성격과 방향을 설명해주는 수식어로 관심을 받고 있다. 글로벌 비즈니스, 글로벌 일류은행, 글로벌 혁신대학, 글로벌 명품교육, 글로벌 혁신도시 등 어디에서나 '글로벌'을 사용하지 않는 곳이 없을 정도다. 옮긴이가 근무하는 인천 송도 지역에도 미국과 유럽 대학의 한국 캠퍼스가 있는데 이 대학들의 캠퍼스를 묶어 '인천 글로벌 캠퍼스'라고 부르고 있다. 이처럼 글로벌 개념은 우리 앞의 현실로 다가와 새로운 의미를 던지고 있다. 이제 '글로벌' 개념은 국제적·세계적 흐름을 파악하면서 미래 비전의 교육과 정치·외교를 구사하고 비즈니스 전략을 구상한다는 점에서 개인과 기업, 대학 나아가 국가의 국제경쟁력을 지향하는 의미로 자리 잡아가고 있다. 비즈니스 업무를 추진하는 개인이나 일류기업의 CEO, 대학이나 국가 관리자들이 경영전략에서 국제적 감각의 사고방향이나 연구역량, 리더십을 갖추지 않고서는 글로벌 경쟁에서 뒤처질 수 있다는 위기의식이 있는 것이다. 그런 의미에서 이 책에서 강조하는 '글로벌'은 비즈니스 분야만이 아니라 사회 전 영역에서 리더 역할을 해야 하는 인재라면 전문가로서의 마음가짐과 개인역량의 실천적 방법을 연마해야 한다는 사명감을 규정하는 개념으로 구체화된다.

본문에서는 글로벌 인재의 조건으로 비즈니스와 관련된 지식이나 기술을 크게 두 가지로 나누고 있다. 하나는 소속 회사에서만 사용할 수 있는 구체적인 지식이나 기술이고, 다른 하나는 논리적 사고나 법무·재무지식, 교양 등의 지식이나 기술로 이루어진 개념이나 실천전략이다. 근무 지역이나 회사를 옮기더라도 다양한 환경에서 폭넓게 활용할 수 있는 사고방법 같은 기본적인 핵심 능력에 초점을 맞추고 있다. '피터의 법칙(The Peter Principle)'으로 유명한 미국 교육학자 로런스 피터가 말한 것처럼 계층 조직으로 이루어진 회사에서 승진하는 사람들은 점차 무능한 수준에 도달해 결국 조직은 직책을 제대로 수행하지 못하는 간부들로 채워진다. 그리고 실제로 일하는 주체는 그런 무능한 상태에 이르지 않는 사람들이라는 것이다. 고도의 비즈니스 경쟁환경에 맞서 문제를 극복하기 위해서는 한평생 사용할 수 있는 사고방법을 기반으로 끊임없이 자신을 학습머신으로 이미지화시켜 나가는 자기갱신 노력이 중요하다. 미국 텍사스주립대 아트 마크먼 교수가 말한 바와 같이, 인과관계의 이해를 높인 '고품질 지식'으로 그 지식이 필요할 때 언제 어디서나 사용할 수 있는 '스마트 싱킹'의 방법들을 잘 익혀 글로벌 비즈니스 인재로 성장해나가야 한다. 이를 위해서는 시시각각 변하는 글로벌 시대의 지식과 창의적·융합적 사고 패턴을 혁신적으로 받아들이는 용기가 있어야 한다. 나아가, 글로벌 환경 변화에도 유연하게 적응하고 대응할 수 있는 열린 마음이 있어야만 한다.

이 책의 목적은 궁극적으로, 저자와 같은 일반적인 능력을 가진 사람들의 비즈니스 능력을 극대화시켜 조직 성과를 올리는 데 있다. 약 70%의 사람들은 능력에 큰 차이가 없으며 정말 필요한 요소는 마음가짐과 실천전략인데, 저자는 평범한 사람이 최고 수준의 글로벌 비즈니스 인재, 자기 분야의 제너럴리스트가 되는 데에 필요한 기술을 한평생 최선을 다해 꾸준히 노력해 배워나갈 것을 당부한다. 아울러 이 책은 손쉽게 돈 벌고 출세하는 방법이 있다는 환상주의나 결과가 어떻든 노력한 것이면 모두 아름답다는 관념주의를 배제한다. 오로지 현실의 결과에만 집중하는 것이 옳다고 생각한다. 저자는 비즈니스 세계에서 최고 수준의 전략가로서 꼭 알아두어야 할 지식과 마음가짐, 실천전략을 분명히 전하고 있다.

이 책은 미래 글로벌 시대를 선도해 우리나라의 미래를 짊어질 대학생, 현재 비즈니스 현장에서 실무를 책임진 관리자, 글로벌 인재의 발굴과 양성에 힘써야 할 교수와 각계각층의 오피니언 리더들에게 큰 도움이 되리라 본다.

책을 옮기는 과정에서 경영·경제학 및 비즈니스와 회계 관련 용어, 원 저작의 내용 중 우리 상황과 맞지 않는 사항과 항목들, 여러 통계수치를 우리 상황에 맞는 내용으로 편집하는 데에 많은 도움을 받았다. 수고를 아끼지 않은 진성북스의 박상진 대표님과 김제형 팀장님, 정동 회계법인의 임종환 대표 회계사님, 그리고 고려대학교 경영학과 김중혁 교수님께 감사의 마음을 전한다.

아무쪼록 이 책이 글로벌 비즈니스의 최일선 현장에서 활약하는 인재들에게 실제로 많은 도움을 주길 희망한다.

연세대학교 국제캠퍼스 연구실에서

옮긴이 **김성수**

■차례

Part 1 마음가짐 편

Part 2 실천 편

03. 전략가의 미디어 활용능력

04. 기업가치를 평가한다

05. 기업금융을 이해한다

Part 3
자본·업무제휴 시뮬레이션 편

01. 해외 기업과 자본·업무제휴를 할 수 있는 능력을 키운다

진리는 인간을
자유롭게 한다

오늘날 세상에서 가장 가치 있는 것은 '**아이디어**'다. 돈을 버는 비즈니스 아이디어일 수 있고, 사회적 과제를 해결하기 위한 아이디어일 수도 있다. 비즈니스에서 뭔가 이루고 싶은 것이 있다면 아이디어를 구상하고 실천해야 한다.

현재 **우리 사회는 한편에서는 돈이 넘치는 반면, 다른 한편에서는 심각한 빈곤으로 신음하고 있다.** 부(富)가 편중되어 있다. 세계 최고라는 자산 운용사의 운용 액수는 약 1,048조 원 규모로 한 국가의 예산과 맞먹는다. 실리콘밸리의 벤처캐피털이나 IT기업은 아직 서비스도 시작하지 않은 스타트업 기업에 투자하고 정부도 관련기관을 개입시키거나 교부금 등을 활용해 신규사업에 투자를 하고 있다. 이런 돈은 더 좋은 비즈니스 아이디어나

수익률 높은 투자처를 찾아 흘러들어가고 있다. 정부와 같은 공공기관이라면 효율적인 사회보장을 위한 정책 아이디어에 돈을 내놓고 싶어 한다.

바꿔 말하면 **돈은 '지식을 집약시키기 위한 수단'**이라고 할 수 있다.

오늘날은 돈보다는 아이디어가 더 가치 있는 세상이다. 아이디어를 가진 기업이나 인재들은 우리가 '일반적으로 생각하는 돈은 필요없다' 라고 말한다. 그들은 '돈을 투자받는 것만이 아니라, 수준 높은 전문지식과 인적 네트워크를 갖고 싶다' 고 말한다. 아이디어를 가진 사람은 흘러넘치는 돈에 지식을 더 첨가한 '스마트 머니'를 선택하고 자신의 아이디어를 실현하기 위해 더 수준 높은 전문지식을 요구하게 되었다. 아이디어를 구상하는 쪽과 아이디어에 투자하는 쪽도 전문지식을 가진 인재가 필요한 것이다. 이런 인재들은 항상 부족했지만, 오늘날 같은 글로벌 시대에도 유능한 인재를 찾기 위해 각 기관과 기업들은 쟁탈전을 벌이고 있다.

창의적인 전문지식을 갖춘 인재라는 시각에서 보면 **일의 선택 분야는 무한하며, 자기신념이나 '원하는 곳'으로 일을 찾아 선택할 수 있다.** 선진국에서는 보수가 높은 금융업계에서도 사회적 과제를 해결하는 NGO나 매력적인 첨단 IT기업에 인재를 빼앗기고 있다. 나 자신도 기업을 경영하면서 정답이 없는 문제와 마주칠 때가 있다. 이런 과제들을 해결해나가기 위해서는 나보다 우수한 인재를 계속 채용하는 방법밖에 다른 대안이 없음을 느낀다.

이런 인재들은 단지 유창한 영어를 구사할 수 있는 '자칭' 글로벌 인재나 일류대학 출신, MBA 학위 보유자, 국가의 외교 영사(領事) 업무를 담당했던 사람들이 아니다. **이런 유형의 사람들은 지식도 부족하고 실무에 필요한 기술도 부족**하다.

이 책에서는 돈보다 아이디어에 더 큰 가치를 두는 오늘날의 글로벌 사회에서 전문지식 인재의 기본을 구성하는 사고법에 대해 알아보려고 한다.

글로벌 비즈니스 능력을 극대화하라

이 책의 대상 독자들은 다음과 같다.

> 첫째, 국내에서 GDP와 고용의 30%를 담당하고 글로벌 경쟁을 펼치고
> 있는 비즈니스 분야에서 고도의 전문지식을 갖춘 인재로 주요 역
> 할을 담당하며 일하고 싶은 사람

우리는 주변에서 '글로벌 인재가 필요하다'는 목소리를 자주 듣는다. 일
본 GDP의 약 70%가 국내 수요에 한정된 서비스산업이 차지하고 있다. 해외
매출비율 50%를 초과하는 글로벌 기업은 전체로 보면 소수에 불과하다. 한
편, 한국은 GDP의 50% 이상이 수출에서 차지하고 있기 때문에 글로벌 인
재의 필요성은 더욱 중요하다.

다시 말해, 일본은 거의 대부분이 국내 업종에 종사하고 있다. '글로벌
업무'와는 별로 관계가 없는 분야에서 일을 하고 있다. 한편, **'글로벌 업무'
를 선택한 경우에는 세계의 우수한 인재 전체가 경쟁 대상이 된다.** 국내를
벗어난 해외는 그야말로 생존경쟁의 전쟁터와 같다. 올림픽 대회에서는 경
기 규칙이 자신과 맞지 않는다고 아무리 불평해도 소용 없다. 올림픽 경기
규칙을 수용하고 극복해 메달을 획득하든지, 규칙을 바꿀 정도의 힘이 있지
않은 한, 다른 선택지는 없다.

올림픽 경기처럼 이런 글로벌 환경을 선택할지 여부는 단지 개인의 호불
호 문제이고 개인의 자유의지에 달려 있다. **누구나 '글로벌 인재'가 될 필요**

는 없다.

　이런 고도의 전문지식을 갖춘 인재들은 잔업수당이나, 휴일수당이 지불되지 않는 전문직 또는 성과형 스타일의 노동환경 분야에서 일하고 있다. 이들은 기본적으로 자유 정도가 높은 노동환경에서 일을 하는 동시에, 1년 365일 24시간 자기관리를 하면서 보수에 걸맞은 부가가치를 창출해낼 것을 요구받는다.

　고도의 전문지식을 갖춘 인재들이 일하는 환경은 동일한 숙련도를 지닌 사람들끼리의 **'아이디어 싸움'**을 하는 곳이다. 주어진 시간 안에 얼마나 많은 아이디어를 내는가에 성패가 달려 있다. 그 환경은 힘이 많이 들고 가혹할 수도 있으며 일로 인한 스트레스가 많지만 그 양의 정도는 개인에 따라 영향이 다르다. 개인 주체의 재량권 없이 싫어하는 일을 오전 9시부터 오후 6시까지 하는 것과 재량권을 갖고 자유 정도가 높은 분야에서 장시간 일할 때, 어느 쪽이 스트레스를 더 받을지는 말하지 않아도 알 수 있다.

　그런 환경에서 평균 이상의 높은 대가를 바란다면 직무를 단순히 지키는 일보다 **'지식으로 무장해 능동적으로 움직이는 개인'**이 되거나 최고의 제너럴리스트가 되어야 할 것이다. 하지만 이런 근무방식의 선택 여부는 개인의 자유다. 자신의 근무방식의 선호도를 결정하는 일은 사람으로서의 가치 여부를 따지는 것과 별개다. 단지 그 일을 싫어하는지 좋아하는지의 문제일 뿐이다.

예를 들면, 대학이나 연구기관에서 경쟁력 있는 기술이나 연구 성과가 있더라도 그것을 비즈니스 분야, 나아가 하나의 산업이 되게 하기 위해서는 구조를 만들어내는 구상력(構想力)과 매니지먼트 능력이 필요하다.

이 책은 지식집약형 산업에서 비즈니스 생산자나 경영 인재가 되고 싶은 사람을 독자로 상정한다. 연구자는 '이 기술은 저곳에도 이곳에도 사용할 수 있다'라고 말하지만 그 단계에서는 현금(cash)을 만들어낼 수 없다. 기업인이라면 여러 대안 중 돈을 벌 수 있는 사업 쪽으로 집중해 연구하도록 유도할 수 있어야 한다. 적절한 관리를 통해 연구 성과를 사회 부가가치로 연결시키고 돈으로 환원시킬 필요가 있다.

경영관리 인재라는 의미는 **조직이나 자본의 힘을 이용해 영향력을 발휘하는 사람**을 말한다. 프리랜서나 노마드 형태로 다수를 상대로 한 개인의 브랜드 만들기나 마케팅에 크게 의지하는 업무스타일 등도 해당되지 않는다. 실무능력이 부족함에도 불구하고 개인의 브랜드 만들기에 온통 힘을 쏟으면, 실제로 업무 질이 떨어지기 때문이다.

이 책에서는 경제학, 경영학, 사회학 등 다양한 분야에서 지혜를 가져오고 있지만 고도의 전문지식을 갖춘 인재로서 비즈니스 현장에서 가능한 한 모든 지혜를 활용할 수 있을지 여부를 기준으로 내용을 전개한다.

비즈니스 관련 지식이나 기술은 크게 두 가지 유형으로 나눌 수 있다. 하나는 소속 회사에서만 사용할 수 있는 구체적인 지식이나 기술이다. 다른 하나는 논리적 사고나 법무, 재무지식, 교양 등의 지식이나 기술로 이루어진 일반적이면서도 핵심이 되는 개념이나 지식이다. **이 책에서는 근무지역이나 회사를 어디로 옮기든 그 환경에서 다양하게 활용할 수 있는 사고방법 같은 기본적인 핵심능력에 초점을 맞춘다.**

교육학자 로런스 피터(Laurence J. Peter)는 "계층 조직으로 구성된 회사에서 승진하는 사람들은 점차 무능한 수준에 도달하게 되며 일반적으로 모든 관리자들은 제대로 직책을 수행하지 못하는 무능한 사람들로 채워진다"라고 말한다. 그리고 실제로 일을 하는 주체는 그런 무능한 상태에 이르지 않은 사람들이라고 주장했다. 이런 환경에 맞춰 문제를 극복하기 위해서는 한평생 활용할 수 있는 사고방법을 기반으로 끊임없이 학습을 지속해나가는 것밖에는 방법이 없다.

제대로 된 기업인이 늘어날지 여부는 **'코칭을 받을 수 있는지'**에 달려 있다. 이것은 '진솔함'이라고도 하는데, 코칭을 받아 자신을 성장시킬 의사가 있느냐 하는 것이다.

나는 벤처기업에 투자 하고 있다. 기업가의 성패를 가르는 요인은 이것이다. 대부분의 비즈니스는 고도의 과학이 아니라 **돈을 버는 데에** 목표를 둔다. 이런 목표 정의에서 개인의 성공 여부는 솔직히 지혜를 흡수할 의향이 있느냐 없느냐로 결정된다. 하지만 이 책에서는 그런 의향을 다루지 않는다. **그런 의향이 없는 사람에게는 무엇을 말하더라도 시간낭비일 것이기 때문이다.** 그럴 의사가 있다는 가정에 추가해 더 좋은 습관을 만들고 그런 습관이 기업인의 특성을 만들도록 하는 데에 목표를 둔다. **일류가 되고 싶은 사람만 일류가 될 수 있는 것이다.**

사람은 나이가 들면 자신이 처한 환경에 과도하게 적응해 안주하려는 경향이 강하다. 반면, 변화하는 사회환경에 순응하지 않는다. 지금까지 자신을 구축하고 있던 익숙함을 버리고 새로운 학습을 하는 일이 어려운 것이다. 이런 사람에게도 이 책은 도움이 되지 않는다. 대부분의 이런 기업인들은 논리적으로 무엇을 해야 할지 잘 알고 있지만 결국 아무 것도 실천하지 않은 채 시간만 허비하는 유형이 많다.

나이는 숫자에 불과하다. 하지만 일반적으로 젊을수록 환경변화에 유연하게 적응하고, 일체의 사물을 잘 흡수할 수 있기 때문에 이 책의 독자들로는 비교적 젊고 환경변화에 유연하게 적응하는 쪽을 상정하고 있다.

다섯째, 비즈니스 관련 서적을 많이 읽어왔어도, 대부분 다 비슷하다고 판단해 차츰 이런 내용의 책을 읽으려고 하지 않는 사람.

고도의 전문지식을 갖춘 인재로서 비즈니스 분야에서 가치를 만들어내기 위한 기초로 '무엇'을 '어느 정도' 알고 있어야 할지 궁금해하는 사람

매주 저명한 경영자나 유명기업가들이 쓴 책들, 엘리트를 자처하는 학력이나 이력을 갖춘 사람들이 쓴 '무슨 류(流)'나 '무슨 술(術)', '배운 일을 할 수 있는 사람이 되는 책'들이 출간되고 있다. 그런데, 논리적 사고나 사고의 틀이라는 기술론 면에서는 이미 새로운 것은 없다. 수많은 사고의 틀은 학술적으로 연구된 내용을 쉽게 만들어 활용한 것들이다.

나도 비즈니스 관련 서적들을 많이 읽어왔다. 이런 비즈니스 서적에는 딜레마가 있다. 경험이 부족한 사람이 책을 쓰게 되면 '시금치는 몸 건강에 유익하다' 식의 기초적인 이야기나 '~사(社)에서는'이나 '해외에서는', '외국계에서는'처럼 '~데에서는'이라는 표현을 많이 사용하게 되고, 독자로서는 "~사(社)는 우수한 인재가 많은 업무환경이라서 다행이네요."라는 결론을 내리게 된다.

한편 사회적으로 성공해 유명해진 사람이 비즈니스 관련 서적을 쓴다고 해보자. 그는 성공 선입견에만 사로잡혀 객관성을 잃은 성공담만 서술하기 쉽다. 이런 유형의 책을 좋아하는 사람들은 이 책이 설정하고 있는 독자가 아니다. **이 책에서는 특정기업의 방법론이나 개인의 성공 체험담에 기대지 않고, 최고 전문지식을 갖춘 인재가 되기 위해 어떤 지식을 얼마나 알아야**

할지에 초점을 맞춘다.

또한, 기업 또는 단체의 협의나 의사소통 체계에 관한 지식부터 명함 교환 관례에 이르기까지 글로벌 비즈니스 활동에 꼭 필요한 실제 지식을 망라해 수록했다. 어느 쪽이나 목적을 지향하고 성과를 얻기 위해 필요한 지식이라고 생각하기 때문이다. 세상에는 자신의 생각만 옳다고 판단해 타인에게 예의를 다하지 않음으로써 비즈니스 업무를 성사시키지 못하는 사람들로 가득하다. 경영자 중에도 젊은 시절 윗사람의 총애를 받는 데에 익숙해 '힘 있는 상사의 마음을 사로잡았던' 사람들이 많을 것이다. 비즈니스 전문가로서 충분히 긍지를 갖는 한편, 상사에게도 총애를 받아야 한다. 이 책은 경영실무에 꼭 필요한 대부분의 내용들을 수록하려고 노력했다.

여섯째, MBA나 전략 분야의 컨설팅 업체에 과도한 두려움을 갖거나 지나친 기대감을 갖고 싶지 않은 사람

최고 수준의 전문지식을 갖춘 인재의 감각에서 보면, **MBA는 출발점에 불과하다.** MBA는 전문적인 직업훈련 과정이다. MBA의 장점은 실무에서 활용할 수 있는 지식을 체계적으로 배우고 머릿속에 있는 구성 내용들을 정돈해 이끌어낼 수 있으며 인적 네트워크를 만드는 데에 있다. 외국대학 MBA 과정이라면, 세계 각지에서 유학온 전도유망한 인재들과 만나 서로 교분을 쌓는 것도 매력 있다.

그러나 그 이상도 이하도 아니다. 해외로 MBA를 공부하러 나갔던 사람이 '충격을 받고, 인생에서 가장 큰 고생을 했다'라고 말하는 경우도 있다.

거액을 내고 입학한 MBA가 자신의 인생에서 최악의 고생을 했던 곳이라면, 이후에 중요한 사회적 과제는 아무 것도 해결할 수 없게 된다. 전략 분야의 주요 컨설팅 업체에서 근무하다가 MBA에 들어간 경우, **'MBA는 곧 장기휴가'**라는 인식이 깔려 있다. 이 책에서는 MBA의 전반적인 내용에 더하여, 교양과 법적 논점 부분까지 깊게 파고든다.

전략 분야의 컨설팅 업체에서는 전문성과 논리성 등의 업무를 배울 수 있다. 그런데 이런 회사들은 기업합병(M&A)이나 기업제휴를 실제로 진행하는 데 관여하지 않을 뿐만 아니라 계약서를 읽을 일도 없어 실무적으로 부족한 점이 많다. 또한, 고객의 사내 합의 도출을 위한 결론 위주의 컨설팅에서는 고객들에게 거절할 수 없다는 단점이 있다. 이것은 좋고 나쁨의 문제가 아니라 전략 분야의 컨설팅 업체의 '역할'에 대한 이야기다. 이 점은 이런 유형의 회사에서 일하고 있는 사람들이 가장 잘 알고 있는 사실이다. **자신이 투자한 실제 비즈니스 현장에서는, 어떤 혼란스러운 상황에서도 책임자의 결정 능력이 요구된다.** 또한 전략 분야의 컨설팅 업체에서 직장을 옮겨 영업참모들 앞에서 영업전략에 대한 이야기를 하게 되면 **'자네가 먼저 팔아보고 오라'**라고 말하는 경우가 많다. 본격적인 출장에서 실전경험을 쌓은 정도가 경영진이 된 후, 능력의 정도를 결정한다.

컨설팅 회사는 방법론이나 외국 사례를 들어 경영관리에 대해 말하는 경우가 많다. 이런 것들에는 흐름이 있다. 1980년대 일본 경제가 호황기를 맞고, 미국이 침체기였던 시절 '강한 일본 기업으로부터 배우는 ~론(論)'이 컨설턴트에 의해 한창 외국에서 유행한 적이 있다. 하지만 그런 **방법론이 보편적이거나 만능은 아니다.** '경영학의 아버지'로 불리는 피터 드러커(Peter Drucker)도 일본의 고도성장 시절 '일본에서는'이라는 표현을 사용해 일본 기업의 사례를 많이 소개했다.

뭔가 큰 것을 이루려면 리더가 되어야 한다. 이것은 필수조건이다. 예를 들면, 8명 정도의 소규모 조직의 리더나, 수만 명 규모의 다국적기업을 거느린 리더도 모두 똑같은 리더이다. 어쩌면 8명 모두 각국의 정치적 최고 지도자일지 모른다. 영향력은 조직원 수로 결정되지 않는다.

리더들은 젊은 무명시절에도 최고 의사결정자의 안목으로 사물과 현상을 생각한다. 열정이 약한 방관자는 필요없다. **리더가 되고 싶다고 리더가 되는 것은 아니다. 리더가 되기 위해서는 각오와 상상력이 반드시 필요하다.**

리더로 불리는 사람들에게는 다양한 스타일이 있다. 모두 뛰어난 의사소통가이며 방관자가 아니다. 특정 업무 당사자로서 자신의 입장을 잘 설명할 수 있어야 하고 공감을 불러일으킬 수 있는 존재여야 한다. 여러분이 리더가 되어 아이디어를 실천해나가야 하는 것이다.

◆ ◆ ◆

이 책은 글로벌 또는 상상력이 요구되는 경쟁환경에서 성과를 도출해내기 위해 '능동적으로 움직일 수 있는' 기술을 알려줄 것이다. 부자가 된다거나 행복해지는 일과 큰 관련이 없다. 역사의 교훈에 비추어볼 때 부나 권력을 가진 사람이 행복해진다는 법칙은 없다고 해도 과언이 아니다. 행복의 정도는 개인의 해석상 문제이기 때문이다.

당신이 1년에 약 4,200만 원을 번다면, 그 정도는 전 세계 소득순위에서 1% 이내다(Global Rich List). UNDP(국제연합개발계획)에 따르면, 지구상 12억 명이 하루 1달러 미만, 28억 명이 2달러 미만으로 살고 있다. 그들과 비교해보면 당신은 이미 상상을 초월하는 부자이며 높은 수준의 교육을 받은 엘리트에 속한다. 모든 것은 상대적이다. 더구나 여러분은 세계 최빈곤층도 아니다. 그런 나라에 태어나지 않은 것은 우연이나 행운에 불과하다.

이 책의 목적은, 일반적인 사람의 비즈니스 능력을 키워 극대화하는 데에 있다. 약 70%의 사람들은 능력에 큰 차이가 없다. 정말 필요한 요소는 마음가짐이다. 이 책은 평범한 사람이 최고 수준의 제너럴리스트가 되기 위해 필요한 기술을 최선을 다해 배워나가는 것을 상정하고 있다. 이런 점들을 이해하면서 이 책을 읽어준다면 다행이다.

글로벌 인재로서 이 정도는 알고 있어야 한다

나는 사업전략의 입안과 실행을 다룰 수 있는 비즈니스맨을 현장지도와 연수교육이라는 두 가지 방향에서 양성하고 있다. 전략의 '실행' 가운데 신제품을 만들어내는 일이나 타 회사와의 제휴나 협상 등이 포함되어 있다.

이 책은 비즈니스 인재들에게 **'전문가로서 무엇을 얼마나 알아야 좋을**

까?' 라는 질문을 받았을 때 **'최소한 이 정도는 알고 있어야 한다'**는 점을 알려주기 위해 썼다. 대상 독자가 정해지고 초점이 맞춰지면, 이제 멘토의 마음으로 이야기를 진행하려고 한다.

◆ ◆ ◆

여기서 나에 대해 간단히 소개한다. 나는 은행, 증권사, 전략담당 컨설팅 기업, 벤처 캐피털, 일반 기업에서의 업무 경험을 가지고 있으며, 30세를 넘기고나서 미국 로스쿨에 진학해 졸업(법학 석사)했다.

로스쿨에서 금융(finance)이나 기업 지배구조(corporate governance: 기업 통괄이라고도 하며 주주가 기업경영을 엄격히 감독하기 위한 시스템 -옮긴이)에 관한 경험을 체계적으로 배우기 위해 유학을 떠났다. 현재는 IGPI(산업성장플랫폼)이사를 거쳐 회사주식을 보유한 파트너(공동경영자)이며, 싱가포르 사무소 CEO로서 현지에서 경영관리 일을 하고 있다.

나는 기업에 대해 사업전략의 조언을 제공하고, 보고서를 제출해 마무리하는 컨설팅 뿐만이 아니라 사업전략 실행에 필요하다면 직접 협상에 관여하기도 한다. 또한, 기업 최고위층 동료를 소개하거나 사업제휴 체결에도 관여한다.

IGPI에서는 재생의료나 인공지능이라는 첨단 테크놀로지 분야 기업에서부터 지방의 외식업이나 소매업까지, 벤처기업으로부터 해외 정부기관에 이르기까지 폭넓은 분야와 주제에 대해 고객에게 효율적인 운영 방향을 조언하고 있다.

또한 기업 관련 조언뿐만이 아니다. 내가 직접 몸담은 IGPI는 투자에 직접 참여해 사업을 성장시키는 일도 하고 있다. 예를 들어, 동일본 대지진 전부터 일본에서 세 번째 규모의 버스 운송업체를 동북지방을 중심으로 경영하고 있다. 이것은 자기투자나 자기자본 직접투자(Principal Investment: PI. 주식거래 중개와 별도로 증권사들이 보유한 고유 자금을 직접 주식, 채권, 부동산 및 인수·합병(M&A) 등에 투자해 수익을 얻는 것 - 옮긴이)라고 한다.

나는 기술을 보유한 벤처기업과 글로벌한 판매망을 보유한 기업에게 사업제휴를 제안하고 자사에서 투자하거나 타 투자자를 초빙해 사업을 창업하는 아이디어를 생각하고 실행하고 있다.

이런 아이디어를 생각하는 업무가 즐겁기 때문에 이 일을 계속하고 있다. 업무에서 아이디어를 생각해내기 위해서는 정보수집이나 분석이 필요하고, 이것을 실행하기 위해서는 타인과의 협상이나 계약이 필요하다. 어떻게 보면 이것은 프로듀서 업무와 같다. 이런 일을 하고 싶거나, 이미 하고 있는 사람들에게 이 책을 권하고 싶다.

나는 회사 안팎에서 연수교육을 진행하고 있다. 연수에서는 금융이나 계약업무 같은 하드 스킬, 논리적 사고부터 마음가짐이나 예의 갖추기 등의 소프트 스킬까지 강의를 하고 있다. 이런 강의 내용들은 '공부'에만 국한된 것이 아니라, 비즈니스 세계에서도 실제로 사용되고 있는 것들이다. 이 분야의 추천도서로 소개할 만한 책들이 상당히 있지만 이전 책들은 좀처럼 내용을 소화하기 어렵다. 이 책에서는 다양한 문헌에서 인용하고 있다. 인용된 책 전체를 통독해주길 바라며, 여기에서는 필요한 지식의 전체 모습을 파악하는 데에 집중하겠다.

생각해보면 정말 불가사의한 것은 세상에 그렇게 많은 비즈니스 서적들이 넘쳐나고 있는 데에도 **좀처럼 '이 사람은 정말 일을 잘한다'라고 평가할 수 있는 기업인을 실제로 만나기 어렵다**는 사실이다.

일류 기업이나 관공서에서 만든 자료를 보고도 무엇을 말하는지 전혀 알 수 없기도 하다. 회사 규모가 워낙 커 그럴 수 있으며 일하는 데에 개인의 기본 능력이 갖추어져 있지 않아 그럴 수도 있다. 마지막으로, 대기업의 간판에 의지하려는 사람들은 별로 노력하지 않을 것이다. 반대로 간판이나 브랜드가 없는 사람들은 누구보다도 자신밖에 믿고 의지할 곳이 없기 때문에 능력을 연마할 수밖에 없다. 이것은 소국이 살아남기 위해 국가 정보 비중을 늘리는 것과 다르지 않다.

나는 지금까지 여러 권의 비즈니스 서적들을 출간했지만, 이해하기 쉽게 글을 쓰면 독자들로부터 '이런 거 다 알고 있어', '이런 거 어디나 있잖아'라는 반응을 듣는 일이 많다. 한편, 여러 기업들과 프로젝트를 해오면서도, 자료 작성이나 재무 모형 설계를 완벽히 할 수 있는 사람을 만나는 경우는 희박하다.

일본을 대표하는 일류기업 간부 후보들을 연수하는 자리에서 관련 내용을 설명하면, '알아요, 그런 거 다 아니까 좀 더 고급지식을 배우고 싶어요.'라는 사람들조차 정작 케이스 스터디로 **'이 회사의 기업가치를 산출해보세요.'**라는 과제를 주면, 전제 조건이나 매출, 비용 등에 영향을 미치는 변수인 드라이버(핵심요인) 설정도 못하는 경우를 종종 본다.

나는 이런 상황을 감안해 언제 어디에 가더라도 일할 수 있는 기술휴대성을 갖춘 기업인을 양성하기 위해 정말로 내가 필요하다고 생각하는 내용들만 이 책에서 정리했다.

　대부분의 기업들은 특정한 일을 직접 구상해 실행하는 프로듀서가 부족하다. 예를 들면, 외국으로부터 들어오는 관광객을 지방 관광지와 연결시켜주는 사람, 하드웨어 벤처기업과 기존 생산공장을 이어주는 사람, 대학의 기술과 실제 비즈니스를 연결해주는 사람 등 이런 폭넓은 하드 스킬과 소프트 스킬로 움직이는 진정한 전략가가 부족하다. 이런 전략가가 더 많아지면 좋겠다.

　이 책은 손쉽게 돈을 벌고 출세하는 방법이 있다는 환상주의나 결과가 어떻게 나오든 노력한 것이라면 모두 아름답다는 관념주의를 배제한다. 오직 현실 결과에만 집중하는 것이 옳다고 생각한다. 비즈니스 세계에서 최고 전략가로서 꼭 알아두어야 할 지식과 마음가짐을 분명히 전하려고 한다.

'사고와 지식의 피라미드'를 만들어라
────

　이 책은 비즈니스 전략가에게 꼭 필요한 사고와 지식을 다음과 같이 다룬다. 그 사고와 지식은 전체적으로 피라미드 형태로 이루어져 있다.

　① 맨 밑에는 성격이나 마음가짐 같은 인성이 있다.
　② 중간에는 사고방식의 운영 체계(OS)인 사고방법이 있다.
　③ 사고방법 위에는 범용지식인 회계나 법무 같은 하드 스킬이 있다.

[사고와 지식의 피라미드]

```
        업계 지식
        등의 정보

        하드 스킬
        (회계, 법무…)

        사고 방법

  성격, 마음가짐, 생활환경 …
```

피라미드 맨 위의 업계 지식처럼 매일 갱신되고 축적되는 정보는 확립된 사고 방법과 하드 스킬이 있어야만 정확히 분석할 수 있고 상대를 생각할 수 있다. 그러나 하드 스킬을 아무리 연마해도 그 전제가 되는 성격이나 마음가짐이 부족하다면 전문가로서 부가가치를 지속적으로 창출해낼 수 없다. 특히 나이가 들면서 맨 밑의 인성이 더 중요해진다.

Part 1

마음가짐 편

01.
우리가 처한 환경을
정확히 파악한다

GDP처럼 큰 숫자는 대강 기억하는 것이 중요하다. 다시 한
번 한국의 GDP는 약 1조 4,351억 달러로 기억해두자. 참고로
2015년 기준 1위인 미국은 약 18조 1,247억 달러, 2위 중국은
약 11조 2,119억 달러, 3위 일본은 4조 2,103억 달러다. 또한,
2050년까지 중국의 GDP는 미국을 추월해 세계 1위가 될 것으
로 예측하는 사람도 일부 있다.

세계 몇 번째 국가인가?

한국과 일본은 전 세계에서 몇 번째 나라일까? 물론 지표에 따라 논란이 있을 것이다. 예를 들면, 각국의 경제력을 나타내는 지표로 대표적인 것은 GDP(국내총생산)가 있다. 기업은 해외진출을 생각할 때 목표시장으로서 해당 국가의 GDP를 사용할 수 있다. 실무적으로는 개발도상국이나 광대한 면적을 보유한 국가는 지역별로 GDP에서 큰 차이가 있다. 이때는 도시별 GDP를 사용해 타깃 시장을 결정하는 경우도 있다.

경제학의 기본서인『맨큐의 경제학』에 의하면 GDP를 **'일정 기간 한 국가 안에서 생산된 최종적인 모든 재정 서비스의 실현가치'**로 정의하고 있다. 좀 더 알기 쉽게 말하면 1년 동안 국내에서 새로 생산된 상품이나 서비스 금액의 합계인 플로(flow: 일정 기간 움직이는 경제물량. '유동'으로 번역 - 옮긴이)이다. 플로의 대립개념으로 스톡(stock, 저축: 과거부터 축적된 자본이나 재화 - 옮긴이)이 있다. '국내'란 국내에서 생산된 상품이라면 생산자의 국적은 상관없다는 뜻이다. 한편 '국민' 총소득을 가리키는 GNI는 국외에서의 소득 등을 포함한다.

다음으로 '새로 생산된'이란 과거에 생산된 상품의 거래를 포함하지 않는다. 당해연도에 새로 생산된 것만 뜻한다. 그리고 '모든'에는 집 텃밭 채소나 자원봉사자의 서비스는 포함되지 않는다. 가격이 붙어 시장에 나와 있는 상품만 포함한다. GDP 금액과 함께 '성장률'이 표시된 것도 많은데 이것은 GDP의 1년 증가율이다.

세계은행(The World Bank)에 따르면 **2015년 한국의 GDP는 1조 4,351억 달러로 세계 11위다.** (일본은 세계 3위, 4조 2,103억 달러) GDP 표기에는 명목과 실질이 있는데, 통상적으로 실질 GDP를 사용한다. 명목 GDP는 실제로 거래되는 가격으로 계산되고, 실질 GDP는 인플레이션이나 디플레이션이라는 물가변동을 제거한 것이다.

〈세계 GDP 순위〉

출처: 세계은행(2015)

순위	국가	GDP(달러)
1	미국	18조 1,247억
2	중국	11조 2,119억
3	일본	4조 2,103억
4	독일	3조 4,134억
5	영국	2조 8,534억
6	프랑스	2조 4,695억
7	인도	2조 3,080억
8	브라질	1조 9,039억
9	이탈리아	1조 8,426억
10	캐나다	1조 6,155억
11	대한민국	1조 4,351억
12	호주	1조 2,523억
13	멕시코	1조 2,319억
14	스페인	1조 2,302억
15	러시아	1조 1,760억

---

* 한국 독자들의 이해를 돕기 위해 편집 과정에서 국내에 적합하지 않은 본문의 일부 일본 현황에 대한 데이터를 한국 실정에 적합한 내용으로 수정 및 추가하였습니다.

〈세계 1인당 GDP 순위〉

출처: 세계은행(2015)

순위	국가	1인당 GDP(달러)
1	룩셈부르크	9만 6,269
2	스위스	8만 4,070
3	카타르	8만 1,603
4	노르웨이	8만 749
5	미국	5만 6,421
6	아이슬란드	5만 4,331
7	싱가포르	5만 3,604
8	덴마크	5만 2,822
9	호주	5만 2,454
10	스웨덴	4만 9,582
13	캐나다	4만 5,029
16	영국	4만 3,940
20	독일	4만 1,955
25	일본	3만 3,223
28	대한민국	2만 8,338
75	중국	8,154

예를 들어, 명목 GDP와 실질 GDP를 사용한 물가지수의 하나인 GDP 디플레이터(deflator: 국내총생산·국민총생산 등 경제의 양을 다른 시점으로 비교할 때 기준 시점으로부터의 가격변동에 의한 영향을 제거하기 위한 지수. '가격 수정인자'라고도 함 - 옮긴이)에 의해 물가수준을 구할 수 있다.

GDP 디플레이터 = 각국의 GDP / 실질 GDP × 100

명목 GDP와 실질 GDP가 같다면 GDP 디플레이터는 100이다. 예를 들어 150이라면 물가수준은 50퍼센트 상승했다고 할 수 있다.

GDP처럼 큰 숫자는 대강 기억하는 것이 중요하다. 한국의 GDP는 약 1조 4,351억 달러로 기억해두자. 참고로 2015년 기준 1위인 미국은 약 18조 1,247억 달러, 2위 중국은 약 11조 2,119억 달러, 3위 일본은 4조 2,103억 달러다. 2050년까지 중국의 GDP가 미국을 추월해 세계 1위가 될 것으로 예측하는 사람도 일부 있다. 중국은 정치적으로 공산당의 지배 아래 사회주의체제를 계속 유지하면서 경제적으로 시장경제를 채택하고 있다. 민주주의나 인권 문제의 관점에서 중국은 분명히 해결해야 할 수많은 문제를 안고 있다. 하지만 경제가 성장하는 국가의 형태 자체가 지금까지의 민주주의 시장경제의 틀과 동일하지 않을 가능성이 있다. 이런 국가의 틀은 비즈니스에도 영향을 미치는 중요한 요소다.

또한, 2014년 기준으로 세계의 GDP를 점유하는 비율은 **미국 29%, 중국 17%, 일본 8%, 한국 2.5%다.** 이처럼 큰 숫자로 상대적인 감각을 갖는 것이 중요하다. 여기서 한 가지 질문이 있다. 덴마크 GDP를 일본의 주요 행정구역인 도·도·부·현(都道府縣) 중 한 곳을 찾아 비교한다면 어느 곳과 같을까? 참고로 덴마크의 GDP는 약 2,974억 달러(2014년)다.

답은 **가나가와(神奈川) 현(縣)**이다. 일본의 현으로도 유럽의 소국과 비슷하다. 아시아 국가 중 태국의 GDP 3,863억 달러와 비슷하다. 나는 아시아로 진출을 생각하고 있는 기업들에게 조언할 때 태국의 GDP가 가나가와현보다 조금 큰 정도이므로 처음부터 일본과 동일한 매출을 기대할 수 없다고 말한다. 그래도 장기적으로 보고 태국에 진출할 수 있는지 묻는다.

이것은 아직도 일본의 경제력이 얼마나 큰지 알 수 있다. 일본은 국내시장이 크기 때문에 기업이 해외진출을 해야 한다는 의식이 낮았다고 할 수 있다. 반대로 한국의 GDP는 일본의 26% 정도로 해외로 진출해야 한다는 의식을 갖는 것을 이해할 수 있다.

GDP는 여러 나라의 경제력을 상대적으로 파악하는 데에 유익한 지표다. 중국의 성(省)별 GDP를 합산한다면 국가가 발표하는 중국 전체의 GDP를 넘어선다는 말이 있듯이 그 합계는 신빙성이 결여된 경우도 있다. 실제로 중국의 리커창(李克强) 총리가 중국의 통계는 신뢰할 수 없기 때문에 전력소비량, 철도수송량, 은행이자 증가율을 참고해야 한다고 미국 관리에게 말했다고 위키리크스(Wikileaks)가 전하고 있다.

『신·세계경제 입문』(니시카와 준)에 의하면 1981년부터 2000년까지의 전 세계 GDP는 12조 달러에서 31조 달러로 2.6배 증가했다. 2000년부터 2011년까지 12년 사이에는 약 70조 달러로 더 증가했다. 선진국은 세계 인구의 15%를 차지할 뿐이지만 전 세계 GDP의 60%를 차지하고 있다. 그중 90% 이상은 미국·유럽·일본 3개 지역권의 소득이다.

그렇다면 GDP란 어떤 수식인가? 앞에서 얘기한 바와 같이 GDP는 새로 생산된 상품이나 서비스 금액의 총화이다. 단적으로 말하면 **국내에서 생산된 총합**이다. GDP에는 '**3면 등가의 원칙**'이 있는데 생산된 것과 소득이 증가한 것, 사용한 것 세 가지는 이론상 모두 등가가 된다.

이것은 같은 금액을 무엇부터 보는가란 말이다. 새로 생산된 것은 가계, 기업, 정부 어느 쪽인가에 분배되어 있으며 그 분배된 것은 어떤 형태로 가계나 기업으로부터 지출되었다고 생각할 수 있다.

국가 전체에서 본 생산과 지출은 같은 금액이다. 바꿔 말하면 국가 전체의 상품이나 서비스 수요와 공급은 같은 금액이 된다.

총수요를 분석해 이해하면 다음과 같이 된다.

> 총수요 = 소비 + 투자 + 정부 지출 + 수출 + 수입

이 정도 알아둔다면 상식적으로는 충분하다. 더 관심 있는 사람은 경제학 기본서『맨큐의 경제학』을 읽어보기 바란다.

지금까지 GDP 전체 액수에 대해 알아보았다. 이것을 1인당 GDP(GDP Per Capita)로 본다면 상황이 어떻게 될까? 1인당 GDP는 GDP를 해당 국가의 인구로 나눈 것이다. 덧붙여 이처럼 사람 수로 나눈다는 것은 생산성을 보는 데에 사용하는 사고방식이다. 기업 매출이나 이익을 직원 수로 나누면 기업생산성을 직감적으로 알 수 있다.

그렇다면 **1인당 GDP 랭킹에서 한국은 몇 위일까?** 2013년 세계은행 통계에 따르면 한국은 32위로 약 24,328달러(일본 24위: 38,491달러)다. 1위는 룩셈부르크로 111,423달러이고 2위는 노르웨이, 3위 카타르, 4위 스위스, 5위 호주로 이어진다. 총액에서 1위였던 미국은 9위로 53,101달러다. 개발도상국의 1인당 GDP를 파악해보면 이해하기 쉽다.

GDP는 각국의 경제활동 규모를 이해하는 데에 유효한 지표다. 또한 GDP는 각국의 생활수준이나 사회 안전성을 알려고 할 때 참고가 된다.

GDP 수치는 세계은행(http://www.worldbank.org), IMF(http://www.imf.org) 웹사이트 등에서 볼 수 있다.

한편 비즈니스상 조사에서 GDP는 어디까지나 기초적인 참고자료 정도로 생각된다. 따라서 **경제활동을 해당 국가의 산업이나 인구동태 같은 측면에서 분석해 이해**할 필요가 있다.

GDP에 영향을 미치는 인구동태에 대해서는 생산연령 인구가 증가하는 '인구 보너스기(期)'(Population Bonus: 전체 인구에서 차지하는 생산연령 인구 (15~64세) 비중이 증가하여, 노동력과 소비가 늘면서 단기간 내에 경제 성장을 이끄는 효과를 가리키는 인구학 분야의 용어 - 옮긴이)의 계속성에 주목하는 경우도 있다. 예를 들면 동남아시아 진출을 고려할 때 GDP 순서로 공략해나가는 것은 단기적이다. 앞에서 말한 바와 같이 도시별로 나누어 이해할 필요가 있을지도 모르고 국가 리스크(해당 국가 고유의 정치·경제·사회적 리스크)를 다면적으로 검토할 필요가 있다. 각국의 개괄적인 사정을 파악하기 위해서는 CIA(미국 중앙정보부) 'The World Factbook' 사이트에 들어가 찾아보는 것도 좋은 방법이다. 다른 한편으로 각국의 민주화 정도에 대해 영국 이코노미스트지에서 운영하는 경제정보 평가기관인 '이코노미스트 인텔리전스 유닛(Economist Intelligence Unit)'이 「Democracy Index」를 발표하므로 참고할 수 있다. 각국의 GDP도 경년(經年), 즉 시계열(時系列)로 분석해 흐름을 파악할 수 있는데, 미래에 관한 경제 예측은 세계은행, IMF(국제통화기금), OECD(경제협력개발기구) 등이 발표하고 있다.

각국의 경쟁력을 생각할 때 스위스 비즈니스 스쿨인 IMD 계열 조사기관이 발표는 세계경쟁력 순위(IMD World Competitiveness Ranking)를 참고

할 수 있다. 이와 관련해 2014년 순위에서 한국은 26위(일본 21위)이다. 교육도 중요한 지표이다. 세계 대학 순위는 'The Times'의 고등교육 세계대학 순위(The Times Higher Education World University Ranking)가 유명하다. 2014~2015년 세계대학 순위 1위는 캘리포니아 공과대학(Caltech)이었고, 한국은 서울대학이 44위(도쿄대학 23위)로 최고 순위이다.

당연하지만 이런 순위 결정의 전제가 되는 기준과 계산 방식이 있다. 따라서 어느 항목에 더 중점을 두는가에 따라 순위가 크게 바뀌기 때문에 그에 대한 확인이 필요하다. 단, 이 기준을 아는 것은 세계 지식층이 어떤 방식으로 각국의 국력을 보는 면에서 참고가 된다.

큰 정부 vs 작은 정부

앞의 GDP 관련 이야기에서 수요와 공급이라는 용어를 확인했을 것이다. 고전경제학에서는 국가 전체의 수요를 결정하는 것은 공급이라고 생각했다. 상품이나 서비스가 지속적으로 공급된다면 누군가가 반드시 물건을 구입해준다는 발상이다. 왜 구입해주는 것일까? 고전경제학에서는 수요와 공급의 격차를 가격이 해소한다고 보고 상품이 많더라도 가격이 내려감으로써 언젠가 누군가가 구입한다고 생각했다.

하지만, 그것만으로는 현대사회에서 종종 어느 상품이 잘 팔리지 않는 현상이나 팔리지 않고 남아 있는 현상을 설명할 수 없다. 여기서 등장한 것이 영국의 존 메이너드 케인즈(John Maynard Keynes)에 의한 '케인즈 경제학'

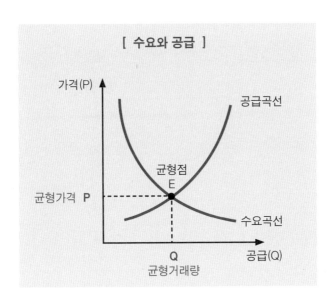

[수요와 공급]

가격(P)

공급곡선

균형점
E

균형가격 P

수요곡선

Q
균형거래량

공급(Q)

이다. 1929년 케인즈는 뉴욕 월가 주식 대폭락을 촉발한 불황을 설명하려고 시도했다. 고전경제학에서는 상품가격 하락에 의해 수요와 공급이 언젠가는 같아진다고 생각하고 있었지만, 케인즈는 실제로 가격이 당장 내려가지 않고 생산량이 조정되어 노동자나 공장이 줄어들고 불황이 일어난다고 설명했다.

케인즈 경제학에서는 국가 전체의 공급을 결정하는 것은 수요라고 생각한다. 그러므로 경제성장을 지속시키고 싶다면 국가는 정책으로 수요를 확대해야 한다는 주장이다. 그 결과, 정부는 공공사업을 펼쳐 적극적으로 수요를 확대해나가야 한다고 생각하고 이런 경제 개입정책을 적극적으로 수행하는 정부를 '큰 정부'라고 부른다.

케인즈는 시장에 맡겨두는 것은 앞에서 말한 불황에 처했을 때처럼 대량의 실업문제는 해결할 수 없다고 생각했다. 케인즈는 시장에 의해 정상화할 수 없는 비자발적 실업에 대해서, 정부가 재정정책으로 사회에 자금을 제공하면 사회 전체의 수요를 만들어내고, 기업은 그 자금으로 노동자를 고용할 수 있기 때문에 완전고용 상태에 가까워진다고 생각했던 것이다.

이에 대해 케인즈와 다른 의견을 주장한 경제학자가 오스트리아의 프리드리히 하이에크(Friedrich August von Hayek)와 미국의 밀턴 프리드먼(Milton Friedman)이다.

하이에크는 각 기업이 사회 경제활동 전체에 대해 이해하고 있지는 않지만 알 수 있는 정보 중 생산 조정 등을 하고 있으며, 시장 전체로는 개별 기업의 행동이 반영되어 있다고 생각하였다. 이런 집합체로서 존재하는 것이 자유시장이다. 하이에크는 이런 자유시장을 지켜야 한다고 생각하고, 정부가 적극적으로 정책에 개입하지 않고 그 자유를 보장해주어야 한다고 생각했다.

자유주의를 주창한 시카고 학파의 프리드먼도 정부의 시장개입에 반대했다. 하이에크가 인간을 비합리적인 존재로 이해한 반면, 프리드먼은 인간을 합리적인 존재로 보았다.

케인즈의 '큰 정부'에 대해 하이에크나 프리드먼은 '작은 정부'를 주장했다. '작은 정부'는 정부 개입을 적극적으로 줄이면서 민간이 할 수 있는 것은 민간에 맡기고, 정부는 규제완화를 권장해 경제를 시장원리에 맡겨두어야 한다는 입장을 지향한다.

이런 작은 정부 대 큰 정부에 대한 논쟁은 현재의 비즈니스 규제 시비에 대해서도 자주 언급되는 이야기다. 기본적으로 정부는 경제를 시장원리에 맡겨두어야 하지만, 2008년 서브프라임 사태의 발단이 된 리먼 쇼크처럼 시장은 폭주하거나 실패하므로 시장실패에 대해서는 정부가 개입해 조정을 시도해야 한다는 사고방식이 현재 일반적이다.

현재 일본에서는 정부가 성장전략을 실행해나가는 데에 발맞춰서 어디까지 관여해야 하는 지에 대해 의문을 갖는다. 예를 들면, 정부는 민간기업에 투자하고 성장을 촉진하기 위해 조성금을 설정하거나 투자하기 위해 정부기구(관제 펀드)를 설립하고 있지만, 정부의 이런 개입이 민간에게 압력을 주는 문제를 안고 있다.

정부에 의한 공공투자로 민간투자가 저해되는 현상을 크라우딩 아웃(crowding out: '구축현상'으로 부르기도 함. 정부의 공채 발행 증가가 민간 자금 수요와 경합하면서 금융시장의 자금 사정을 어렵게 해 고금리 현상을 일으키고 민간기업의 자금 조달이 어려워져 투자활동을 위축시키는 현상 - 옮긴이)이라고 한다. 크라우딩 아웃은 정부가 재정정책으로 공공투자를 진행할 때, 정부에 의한 자금조달(국채 발행)을 시행함으로써 시중자금을 빨아들여 금리상승이 일어나고 민간투자를 저해하는 현상을 일으킨다.

오늘날 케인즈 학파와 자유주의 학파 사이의 논점은 다음과 같이 정리할 수 있다. 케인즈 학파는 정부에 의해 양적완화와 재정지출로 총수요를 확대해야 한다고 생각하는 반면, 자유주의 학파는 정부는 규제완화와 감세를 시행하고 시장에 맡겨야 한다는 주장으로 귀결된다.

지금까지 나온 경제학자에 대해 정리하면, 케인즈는 『고용·이자 및 화폐 일반이론(The General Theory of Employment, Interest, and Money)』(1936)(또는 '일반이론'이라고 부른다)을 쓰고 실업문제에 사람을 고용하는 힘인 '유효수요'야말로 논의의 핵심이라고 말했다. 이것은 고전경제학 개념을 반복하는 것으로 고전경제학에서는 실업 문제는 '사람들이 스스로 일하지 않는 것을 선택하고 있다'고 생각했다. 이에 대해 케인즈는 사람들의 급여와 재화의 가격변화 속도의 차이에 주목했다. 불경기가 되면 물건은 팔리지 않고 가격은 하락하지만 급여가 하락하는 속도는 그보다 느리기 때문에 기업은 임금(노동자의 급여)이 높다고 느끼게 되어 사람들을 고용하지 않게 되고, 그렇게 되면 노동자는 일자리를 잃게 되어 기업생산성이 떨어진다고 생각하였다. 케인즈는 그 시점이 정부가 나설 때이며, 정부가 재정정책으로 공공투자를 시행할지 판단하고 금융정책으로 화폐공급을 늘림으로써 금리를 내려 유효수요를 늘려야 한다고 생각했다.

하이에크는 『노예의 길』(The Road to Serfdom, 1944)에서 정부에 의한 계획경제는 나치와 같은 전체주의나 스탈린적 공산주의로 귀결되는 '노예의 길'이라고 비판했다. 정부는 경제에 개입하면 안 되고 개인 자유를 지켜야한다고 주장하였다. 이런 주장 때문에 하이에크는 정치사상 맥락에서는 자유주의자로 불리는데, 그가 주장한 자유는 소극적 자유로 이런 자주적 질서에서 발생한 관습에 따른 법률에 의해 그 소극적 자유가 지켜져야 한다고 생각했다.

프리드먼은 『자본주의와 자유(Capitalism and Freedom)』(1962)에서 자유사회의 정부 역할에 대해 법과 질서를 유지하고 재산권을 분명히 정할 수 있는 정부의 역할을 들고, '분별력 있는 자유주의자는 결코 무정부주의자가 아니다'라고 하면서도 정부 역할에서는 분명한 제한을 두어야 한다고 말한다. 2006년 사망한 프리드먼은 1980년대 미국이나 영국정부의 경제정책에 영향을 미친 인물로, 리처드 닉슨이나 로널드 레이건 등의 미국 대통령 고문으로도 활동했다.

지금까지도 영향을 미치는 경제학자인 케인즈, 하이에크, 프리드먼의 견해를 살펴보았다. 이 경제학자들의 이론은 당시 경제 상황의 메커니즘을 설명하기 위한 것으로, 그들이 경제 상황을 어떻게 바라보고 어떤 논리로 경제 현상을 설명하는지 이해함으로써 여러분 나름대로 견해를 펼칠 수 있다.

포기할 수 없는 영어

세계 어디서나 부가가치를 제공할 수 있고 그 대가를 향유하려는 글로벌 기업은 지구상 모든 경쟁회사를 이겨야만 한다.

여러분이 그런 글로벌 기업의 참모나 전략가가 되고 싶다면 **비즈니스를 하면서 영어를 쓰지 않을 수는 없다.** 영어가 필수인지 묻는 것은 시간낭비다.

또한 전 세계를 보더라도 여전히 영어의 가치는 높다. 영어를 잘하는 것만으로도 연봉이 오르는 경우는 아시아 국가에서 흔히 볼 수 있다. 여러 언어를 사용하는 유럽 등에서는 생각하기 어려운 일이다. 나도 영어를 싫어하진 않았던 것이 지금까지의 직업 선택에서 큰 도움이 되었다.

무엇보다 여러 나라 언어를 사용해야 하는 UN에서도 불어권 부서를 제외하면 대부분의 업무는 영어로 이루어지고 있다. 독일 베를린의 스마트폰 게임 제작사는 44개 국적 사람들이 일하고 있으며 회사의 공용어도 영어이다.

영어 능력은 '협상'할 정도의 수준이어야 한다. '월스트리트 저널(The Wall Street Journal)', '파이낸셜 타임즈(Financial Times)', '블룸버그 비즈니스위크(Bloomberg Businessweek)'를 읽고 이해하는 수준이다.

비즈니스에서 영어는 단지 소통 수단이며 영어권 이외 사람들에게는 제2외국어다. 아시아에서 비즈니스를 하더라도 모두 모국어가 아닌, 영어로 말하는 것이 보통이므로 문법이나 발음 등은 전혀 문제가 되지 않는다. 세계를 돌아다니는 제트세터를 위한 미디어 모노클(MONOCLE)의 인터넷 라디오나 BBC 방송을 들으면 여러 발음과 억양의 영어가 있음을 알 수 있다.

영어에서 주눅들지 않고, 자신감을 갖고 의견을 표명하는 것이 중요하다. 영어를 말할 때는 다른 인격을 연기하는 기분으로 직접 당당히 말하는 것이 말을 잘 하는 사람이다. 그리고 가능하다면 짧은 단어로 자신의 의견과 입장을 직접 표현하는 것이 의사소통을 잘하는 사람이다.

최근 미국 대학이나 대학원에서는 인도와 중국인 유학생 비율이 높아지고 있다. 나도 미국 로스쿨에서 중국인 유학생이 자신감을 갖고 영어를 말하면서 조금씩 영어표현이 능숙해지는 모습을 본 적이 있다. 한편 일본이나 한국에서 유학온 학생들은 영어토론이 한창 진행되는 상황에서도 침묵으로 일관하는 모습을 많이 볼 수 있다. 완벽히 말하지 못하면 부끄럽다는 의식이 영어를 익히는 데에 최대의 적이다.

배우기 위한 영어가 아니라, **어떤 일에 어떻게 사용할지 목적의식을 갖고 하나의 수단이나 도구로 배우고 사용하자.** 소통 수단이기 때문에 업무에서 자주 사용하는 단어나 표현들은 외우는 것이 좋다. 어학을 배울 때 가장 효과적인 방법은 자신과 관련 있는 표현을 기억하는 일이다. 업무에서 자주 사용하는 구절을 통째로 외우는 것 외에 다른 방법은 별로 없는 것 같다. 단어를 말하기 시작한 아이가 부모의 대화를 흉내 내는 과정과 전적으로 같은 것이다. 영어로 치밀한 협상을 하는 자신의 모습을 상상하면서 자투리 시간을 활용해 꾸준히 공부해나가기 바란다.

　　정보수집을 할 때에는 영어로 검색해보기 바란다. 자신의 업무에서 사용하는 단어는 정해져 있고, 단어 수가 많지 않으므로 모두 외워두어야 한다.

　　어느 정도 외국어는 의사소통할 수 있더라도 지속적으로 사용하지 않으면 점차 잊어버리게 된다. 업무에서 영어를 사용하지 않더라도 영어 능력을 향상시키고, 유지해나가기 위해서는 **매일 영어를 사용하는 습관을 들이는 것이 필요**하다. 자신의 업무와 관련된 영어 웹사이트를 방문해 매일 하나의 토픽을 읽거나 포트 캐스팅에서 월스트리트 저널 관련, CNN이나 BBC 방송을 매일 듣고 읽는 방법도 좋다. 무엇보다 돈이 들지 않고 이동하는 시간을 '영어 듣는 시간'으로 활용하면 만원 지하철 안에서도 시간을 유용하게 활용할 수 있다. 집에 있으면서 TV로 항상 CNN이나 BBC를 틀어놓는다면 해외 뉴스를 들으면서 정보를 얻을 수 있다. 프랑스인으로 유럽중앙은행 총재였던 장 클로드 트리셰(Jean Claude Trichet: 제2대 유럽중앙은행(ECB) 총재를 지낸 프랑스 금융인 - 옮긴이)는 총재 시절 항상 아이팟(iPod)을 휴대하고 들으면서 독일어를 배워 연설할 수준이 되었다. 이런 사람조차 꾸준히 어학공부를 하므로 여러분도 꾸준히 어학공부를 계속해나가기 바란다.

매니저가 연봉을 올리는 방법

———

자국에 본사를 둔 글로벌 기업에서는 자국의 일부 지역을 맡고 있는 매니저보다 해외에서 여러 나라를 맡고 있는 매니저가 고액 연봉을 받을 확률이 높다. 그의 관리 능력에 대한 보수가 다르기 때문이다.

"우리 회사는 우리나라 남성 직원들만 간부가 될 수 있어요."라는 문화를 고집하는 기업도 있다. 그런 문화를 고집하는 것이 좋다고 생각할지 모르지만 글로벌 환경의 경쟁력 차원에서 보면 우수한 외국인이나 여성을 채용하지 않는 기업은 경쟁력이 떨어질 수밖에 없다. 상위 5% 안에 드는 세계 최고의 인재를 영입하기 위해 글로벌 기업은 항상 쟁탈전을 펼치고 있다. **전 세계에서 유능한 인재를 끌어오지 않으면 생존할 수가 없기 때문이다.**

글로벌 기업을 표방하는 일본 기업이 현재 직면한 도전은, 해외에서 고용한 직원을 육성하고 그중 본사 임원을 배출할 수 있는가 하는 점이다. 나는 지금까지 회사에서 해외사업이나 고객과의 해외사업 제휴를 해왔지만 여기서는 현지에서 고도의 전문지식을 갖춘 인재를 채용하고 있는 IGPI의 사례를 들겠다.

내가 IGPI의 싱가포르에서 사무실을 열고 사업을 시작했을 당시 현지에서 일본어를 할 수 있는 직원을 채용하려고 하였다. 하지만 일본어를 채용 조건으로 내세우면 우선 그 조건을 갖춘 사람 수가 적어지고 우수한 사람의 수는 더 줄어든다. 또한 그런 사람이 있더라도 급여가 매우 올라간다는 사실을 곧 알게 되었다.

나는 싱가포르 사무실의 수익에 대한 전체 책임을 지고 있었다. 어떻게

든 비용을 줄이면서 작은 규모로 진출하겠다고 생각하고 있었기 때문에 처음부터 비용이 많이 드는 직원을 채용할 생각은 없었다. 그래서 영어 외에 아시아 여러 나라의 언어를 사용할 수 있는 우수한 인재를 채용할 수 있었다. 채용의 기본 방침은 일본어를 할 수 없더라도 '나보다 우수한 인재를 채용하는' 것이었다.

MBA나 회계사 등의 자격을 갖춘 수준 높은 직업교육을 받은 인재들이 아시아 여러 나라에서 싱가포르에 와 있었다. 그런 인재를 20대에 만나지 않아 정말 다행이라고 생각했다. 영어와 중국어를 구사하고, MBA나 회계사 자격이 있는 헝그리 정신의 20대와 경쟁하는 것은 정말 큰일이기 때문이다.

그런 인재가 싱가포르에서 유명하지도 않은 회사에 왜 입사할까? '새로막 사업을 시작하는 스타트업 기업의 경우 업무의 자유도도 높을 것이고 스스로 사무실을 만들어나갈 수 있기 때문'이라고 말할 수 있을 것이다.

해외에서 실패하는 일본 기업들은 일본인 그룹을 그대로 미니 도쿄 사무실 같은 형태로 운영해온 경우가 대부분이었다. 나는 그와는 정반대로 회사를 운영했다. 싱가포르 회사에서는 영어를 사용하고 일본어는 할 수 없더라도 괜찮기 때문에, 아시아의 여러 나라에서 온 헝그리 정신의 우수 인재를 채용했던 것이다.

무지(MUJI: 일본 라이프 상품 브랜드 - 옮긴이)라는 일본 브랜드가 있다. 이 회사 회장인 마쓰이 타다조(松井忠三)에 의하면 무지는 해외 근무 경험이 없는 과장급을 해외에 파견해 처음부터 점포를 만들어나갔다고 한다. 그후 과장 전원을 해외로 연수보내고, 연수 계획도 각 사원이 스스로 아무 것도 없는 곳에서 만들었다고 한다. 해외 진출 시에는 **가능하면 적은 비용으로 먼**

**저 작은 규모로 진출해보고, 이후 수정을 거듭해가면서 사업해나가는 것
도 좋은 방법**이다.

나는 싱가포르에서 일본 기업, 다국적기업, 그리고 동남아에 경영지원을
하고 있다. 싱가포르 회사의 인재는 어쨌든 다양성을 중시하며 아시아 각국
의 언어를 보완하는 것을 목표로 삼았다. 물론 다양성이라는 것을 유지하
기에는 처음에는 비용이 매우 많이 들어간다. 문화나 관습, 어휘의 정의도
다를지 모른다. 나라가 달라지면 그 의미도 전혀 다르게 바뀐다. 그렇다면
회사로서 팀으로 '조율'할 수 있는 시간이 필요하다.

나는 현지 일본인 최고책임자(COO)에게 초기에 수익보다 다양성과 팀
구축에 집중하는 편이 좋겠다고 부탁했다. 구체적으로 팀으로 서로 이야기
를 나눔으로써 동료들끼리 불만을 갖는 상황을 피할 수 있었다. 팀 구성원
끼리 존경심이 없으면 소통비용이 올라간다. 조직 구성원의 '신뢰'가 있으면
쓸데없는 소통비용을 낮출 수 있다.

해외에서는 고학력의 전문성 높은 인재들로만 조직을 구성해 업무를 진
행할 수는 없다. 직원이 그럭저럭 즐기고 보수만 요구하는 경우도 있을 것이
며, 상점에서 '머리 숙이는 인사'를 시키더라도 '그럴 필요가 없다'라거나 '그
건 내 업무가 아니다'라고 말하는 경우도 있다.

개발도상국에서 사람들은 기업의 장기적 비전이나 방침에 관심을 두지
않는다. 이익만 좇아 달려들거나 거짓말을 하는 것은, 원래부터 정부나 나
라의 제도가 불안정해 장기적인 회사 시스템을 믿는 토양이 마련되어 있지
않기 때문이다. 국가에 따라서는 사회의 밑바닥에 흐르는 사고방식으로 혈
연이나 지연밖에 믿을 수 없고, 나머지는 가상의 적으로 보는 곳도 있다. **여**

기서는 신뢰 관계나 '당연히 알고 있어요'라는 소통방식은 통하지 않는다. 언어화, 명문화, 규정화, 명시적인 인센티브가 필요한 것이다.

그럴 때도 직원 인센티브가 어디 있는지 예측하고, 세밀하게 보수 설계를 하여 직원 사이의 경쟁환경을 만들어보기도 한다. 그리고 일은 하지 않고 요구만 하는 집단 중 사기가 높은 인재를 끌어올려 매니저로 발탁하여 매일 개선해나간다. 단적으로 말하면 'A를 달성하면 B를 줄게.'라는 치밀한 신상필벌 설계나, 장래성이 있는 인재를 매니지먼트 쪽으로 권유하는 것도 현실적으로 미래를 내다보는 최고책임자라고 할 수 있다.

의식적으로 다양화를 시도하라

기업이 전 세계에서 경쟁하는 상황이라면, 각국에 진출해있는 직원의 능력을 빌리는 것은 당연하다. IGPI에도 출자하고 있는 싱가포르 정부 펀드인 '테마 섹터'는 외국인 전문가를 고용하고 있다. 일본의 정부 기관 사정은 어떨까? 국익이나 기밀유지 문제가 있지만 그것은 싱가포르의 테마 분야도 마찬가지이고, 일본의 중앙관청은 외자 컨설팅 기업에 많은 조사업무를 위탁하고 있다.

일본의 정부 펀드를 외국인 전문가가 운용하는 경우도 흔하다. 수익은 숫자로 확실히 드러나므로 국익에 기여했는지의 여부 판단은 어렵지 않다.

해외 플랜트 건설 등을 직접 수행하는 기업의 경우 현장에서 일하는 일본인의 수는 얼마 되지 않는다. 플랜트 건설에서 1,000명의 현지 스탭을 한

군데 모으는 일본인 엔지니어는 서너 명에 불과할지도 모른다. 그런 상황이라면 낯설고 이질적인 것에 대한 관용성과 낙관성이 필요하다.

여러분이 그런 상황에 처하지 않을 수도 있겠지만, **여러분 주위에서 가능하면 다양화를 시도해야 한다.** 일본은 해외 여러 나라들과 비교하면 균질성이 높은 사회를 형성하고 있다. 일본 기업이 글로벌하게 업무를 수행하기 위해서는 **일본인끼리만 사고하는 자기만족의 함정에서 벗어나, 의식적으로 다양화를 시도해야 한다.**

조직의 의사결정 기관에는 다양한 생각들이 있을 것이다. 균질성이 요구되는 미군의 엘리트부대인 해병대조차 70%를 사관학교가 아닌 일반대학 출신자들을 선발하고 그들의 다양한 배경을 중시하고 있다.

다양성이 왜 중요한가? 다수가 신뢰하는 방향성이 맞더라도 다양한 의견이 교환될 여지를 남겨두지 않으면 타당하다고 간주되는 의견을 모으는 데에 필요한 점검 기능이 작동하지 않을 수도 있기 때문이다. 수많은 조직의 실패, 예를 들면 기업의 불상사는 모두 한 방향으로만 조정된 분위기 때문에 생긴다.

19세기 영국의 철학자이자 정치경제학자인 존 스튜어트 밀은 『자유론(On Liberty)』에서 "타인에게 위해를 가하지 않는 한, 사람들은 자유롭게 생각하고 행동하는 것을 인정받아야 한다."라고 서술한 바 있다. 밀은 다수가 소수를 억압하는 것, 즉 '다수의 전제'의 위험성을 설파하면서 비록 어떤 시대에 어떤 사상이 타당하다고 하더라도 그 사상 자체의 효력을 유지 및 점검을 하기 위해서는 다양한 사상이 필요하다고 말하고 있다. 이런 현행 시스템의 점검을 위해 다양성의 유지는 조직과 제도 설계에서 반드시 필요한 개념이다.

단, 밀의 주장을 비판한다면, 억압된 사회적 약자에게는 원래 사상이나 정책을 표현할 기회가 주어져 있지 않다는 점이다. 그것도 생각해볼 논점이다.

웃는 얼굴은 만국 공통의 호신술

거리를 걷다보면 마주치는 사람에게 웃는 얼굴로 인사를 건네는 일이 별로 없다. 해외에서는 서로 눈이 마주치면 미소짓기도 하고, 가볍게 인사말을 건네는 경우도 많다. 해당 지역의 관습을 따르는 것이 좋다.

나는 1980년대 무렵, 범죄도시였던 뉴욕이나 2014년 폭동이 있었고 치안이 나쁘기로 소문난 세인트루이스에서 살았던 경험이 있다. 기본적으로 미소나 인사는 스쳐지나가는 사람이나 엘리베이터 안에서 함께 있는 사람에게 **'나는 이상한 사람이 아닙니다.'**라는 의사를 나타내는 것이다. 일본에서는 일상에서 적극적으로 안전을 확보할 필요성을 느끼지 않을지 모르지만 이런 지역은 세계에서 매우 드물다. 어떤 유럽인은 '일본을 별로 좋아하진 않지만, 생각을 하면서도 걸을 수 있을 만큼 안전한 국가여서 일본에서 살고 있다'라고 말한다.

해외출장을 떠난 비행기 안에서도 옆좌석의 사람에게 말없이 앉아있기보다 먼저 짧은 인사말을 건네는 것만으로도 여행길이 즐거워질 수 있다. 고속열차에서 좌석을 반대로 돌릴 때에 상대방의 양해를 구하는 말 한 마디 건네는 것만으로도 분위기가 바뀐다.

미국은 총기소지가 자유로운 국가다. 만약 경찰에게 제지를 당하거나 갑자기 폭한이 총을 들이댄 경우, 아무 생각 없이 안주머니에서 휴대전화나 지갑 등을 꺼내려는 동작은 대단히 위험하다. 총을 꺼내는 것으로 오해받아 공격받을 수 있기 때문에 조심해야 한다. 미국에서는 매년 400명 이상이 경찰이나 FBI의 총격으로 사망하고 있다. 그런 경우, 양손을 들어 상대방이 주머니를 수색하도록 놔두는 편이 안전하다.

거라나 일상생활에서는 미소의 효용이 있지만, 예전의 몇몇 공산권 국가들처럼 대인소통 과정에서 웃는 모습이 지나치면 바보로 취급받기도 했다. 또한 일본과 같이 '경박한 느낌으로 가볍게 웃거나 남의 비위를 맞추기 위해 웃는 사람은 신용할 수 없다'라는 문화적 관습도 있는데, 이것은 어느 마을에 가면 그 마을의 문화를 이해하고 잘 따라야 한다는 의미이다.

영어 이력서를 준비한다
———

직무이력서는 영어로 CV(Curriculum Vitae)라고 하는데, 여러분은 영어이력서를 준비해두고 있는가? 직장을 옮길 때 제출하는 목적 외에도, 해외에 법인을 설립할 때 필요하며, 정부 프로젝트 관련 일을 할 때도 요구받는 문서이다.

직장을 옮길 예정이 없더라도, 링크드인(LinkedIn) 사이트에 여러분의 영어 CV를 올려놓는다면 해외에서 여러분의 경험이나 능력을 알아보고 비즈니스 상담을 요청해올지도 모른다. 전문가로서 CV를 작성해 갱신해나갈 것을 권한다. CV를 작성할 때는 여러분과 비슷한 경험을 가진 외국인의 이력서를 참고할 수 있다. 예를 들어, 링크드인에 게재된 CV에서 2013년 가장 많이 사용된 단어는 'Responsible'이었다. 영어 CV에서는 'Action Verb'으로 불리는 문장 앞 동사의 과거형 표기가 일반적이다. 지금까지 뭔가 어떤 과제를 해결했다면 'Solved~'가 된다.

02.
비즈니스의 기본을
철저히 지킨다

사소한 업무를 완벽히 준비하면서 회의 내용도 충실히 준비하는 것이 전문가다. 이벤트 운영 업무를 맡았을 때는 국빈을 영접하는 외교관이라는 생각으로 분 간격의 시간표, 직원이 서 있는 위치 확인 등, 여러 차례 예행연습으로 완벽해져야 한다.

사소한 업무더라도 완벽히 준비한다

엘리트 의식이 강한 젊은이들에게 두드러진 모습으로 회의 준비나 필요한 물품의 준비, 고객을 응대하는 '사소한 일'에 소홀하고 무시하는 것은 절대로 안 된다. **이런 것을 '업무의 본질과 관계없기 때문'이라고 말하는 사람은 일을 이해하지 못하는 사람이다.** 사소한 업무를 완벽히 준비하면서 회의 내용도 충실히 준비하는 것이 전문가다. 이벤트 운영 업무를 맡았을 때에는 국빈을 영접하는 외교관이라는 생각으로 분 간격의 시간표, 직원이 서 있는 위치 확인 등 여러 차례 예행연습으로 완벽해져야 한다.

명함 교환에도 룰이 있다

글로벌 전략가로서 활약하고 싶더라도 자신이 사는 국내시장에서 평판이 좋지 못하면 글로벌 시장에서도 인맥을 활용해 레버리지(leverage: 기업 등이 차입금 등 타인자본을 지렛대처럼 이용해 자기자본 이익률을 높이는 효과 '지렛대 효과'라고 부름 - 옮긴이)를 걸 수 없다. 이것은 특별히 강조하고 싶은 사항이다. 비즈니스에서는 **아무리 빈틈없는 사람이라도 예의가 없다면 상대방에게 나쁜 인상을 주어 중요한 거래가 뒤집어질 수 있다.** 반면에, 어려운 조건에서도 성실함으로 몸을 낮추면 길이 열리는 경우도 있다.

뛰어난 사람도 예의를 갖추는 것이 필요하다. 재계에서도 '여물수록 고개를 숙이는 벼이삭' 같은 사람은 뭔가 일이 있을 때에 도움을 주지만, '저쪽 사장은 거만해 마음에 들지 않기 때문에' 도움을 주지 않는 일도 있다.

여기서는 준비하지 않아 평판이 떨어지지 않도록 비즈니스 매너를 재확인한다. 다음은 명함을 올바로 교환하는 방법이다.

올바른 명함 교환

❶ 남성은 정장 가슴 안쪽 포켓이나 바깥 포켓에 넣어둔다. 정장 바지에 넣는 것은 매너가 아니다. 여성은 핸드백에 넣어둔다.

❷ 명함 지갑에는 명함 윗부분부터 넣어두고, 상대방이 읽을 수 있는 방향으로 바로 꺼낼 수 있도록 해둔다.

❸ 비즈니스 미팅에서는 첫 대면 인사 때 명함을 교환하는 경우가 많다. 자신의 명함을 상대방이 읽을 수 있는 방향으로 명함 지갑 위에 놓고, 오른손으로 자신의 명함을 내밀면서 상대방의 명함을 자신의 명함 지갑으로 받는다. 그 다음 상대방의 명함을 명함 지갑에 올려놓은 채 자기 쪽으로 끌어당긴다. 명함을 내밀 때에는 분명히 자신의 회사명, 부서명, 이름을 전한다.

❹ 상대방의 명함을 받았다면 상대방의 이름을 복창한다. 이름 읽는 법을 모를 때에는 명함에 기재된 이메일 주소로 확인하거나, 즉석에서 상대방에게 물어본다.

❺ 명함을 쥔 채 이야기가 시작될 경우, 명함을 가슴 높이로 들고 내려가지 않도록 주의한다.

❻ 자리에 앉는다면 명함 지갑 위에 상대방의 명함을 놓고 회의를 시작한다.

한 가지 덧붙이면 명함을 정리하는 일로, 명함을 자동으로 읽고 처리해 주는 스캐너를 사용하면 편리하다. 나는 후지쓰(富士通)의 스캔스냅(ScanSnap)을 이용하고 있다.

올바른 좌석 순서를 기억한다

의외로 자주 혼동되는 것이 비즈니스 장면의 좌석 순서다. 장면별로 설명한다.

비즈니스 장면의 좌석 순서

❶ 회의 좌석 순서의 기본

- 회의실의 입구를 확인하고, 입구 쪽에서 가장 먼 좌석이 상석
- 여러 명의 회의에서는 의장석에서 가까운 곳부터 상석
- 옆으로 3인 이상이 같은 줄에 앉을 때에는 정중앙이 상석

❷ 일본식 다다미방의 경우 ※ 접대의 회식 좌석 등

- 도코노마(마루를 한 단 높이고, 정면 벽에 서화·책자 등을 걸고 마룻장 위에 장식품·화병 등을 장식하는 곳 - 옮긴이)가 있는 경우, 도코노마 앞이 상석
- 도코노마가 없는 경우, 입구에서 가장 먼 곳이 상석
- 입구 쪽에서 가장 가까운 좌석이 하석으로 맨 아랫사람이 앉고, 음식 주문 등의 일을 맡는다.

❸ 엘리베이터

　- 조작판 앞이 맨 하석

　- 조작판에서 가장 먼 위치가 상석

❹ 택시

　- 조수석이 맨 하석

　- 조수석 뒷좌석이 상석

　- 뒷좌석에 3인이 탔을 경우 조수석이 상석, 뒷좌석 3인의 정중앙

　　좌석이 맨 하석

　- 윗사람이 뒷좌석에 승차할 때에는 문을 열어준다.

　좌석 앉는 법의 기본을 이해하기를 바란다. 이런 사소한 사항들을 모르고 실례를 범하여 자신의 평판을 떨어뜨리는 것은 도움이 되지 않는다. 위의 사항들을 자연스럽게 습득하기 바란다.

실수 없이 약속을 바르게 잡는 방법
───────

　비즈니스에서는 약속 잡는 방법 하나만으로도 일을 잘하는지 못하는지 알 수 있다. 다음 사항을 분명히 알아두자.

당연히 상대방이나 그 비서는 이런 메일의 주고받음에서 여러분의 일처리 솜씨를 파악한다. 비서에게 '안 되는 회사'라는 이미지를 줄 때의 타격은 엄청나다.

접대나 회식자리에서 실수하지 않는다

회식은 비즈니스에서 매우 효과적인 소통 자리이다. 동시에 품위나 예의가 없다고 여겨질 위험도 있다. 재계의 모 인사는 '젓가락 쥐는 법과 고추냉이 묻히는 법에서 성장 과정을 알 수 있다'고까지 말한다. 다음의 기본 사항을 익힌다.

올바른 테이블 매너

❶ 첫 번째 건배 타이밍은, 전원이 자리에 앉고 접대하는 측에서 술을 따를 때다. 맥주병은 라벨이 위로 향하고 병을 양손으로 잡고 따른다. 와인 등이 마련되어 있고 웨이터가 있을 때는 그에게 맡긴다.

❷ 상대방이 따르는 술을 받을 때에는 한 손으로 유리잔의 몸통을 잡는다.

❸ 사람들이 의외로 생각하는 것이 일식에서의 젓가락 사용법이다. 위쪽 젓가락의 몸을 움직이고 아래쪽 젓가락을 고정시킨다. 동영상 등에서 확인하여 올바른 젓가락 사용법을 익혀 둔다.

❹ 양식에서 나이프와 포크를 사용할 때 테이블에 정돈된 것은 바깥쪽부터 순서대로 사용해나간다. 식사 중에는 나이프와 포크를 '팔(八)' 자로 두고 접시요리를 모두 먹었다면, 나이프와 포크를 가지런히 비스듬히 놓는다.

❺ 레스토랑의 냅킨은 두 번 접어 산 모양 쪽을 자신의 배 쪽으로 무릎 위에 놓는다. 식사 중 중앙에 앉았을 경우에는 냅킨을 겹치지 않고 펴놓은 채 의자에 놓는다. 식사 후의 냅킨도 너무 가지런히 접어놓지 않고 편 채 테이블에 두는 것이 매너다.

❻ 프랑스나 이탈리아 레스토랑에서 와인을 선택할 때에는 레스토랑의 소믈리에(포도주를 관리하고 추천하는 직업이나 그 일을 하는 사람 - 옮긴이)에게 주문하는 식사, 좋아하는 와인, 가격대를 알려줘 좋은 것을 추천받는다.

와인은 외국인과의 회식 등에서도 일반적인 화제 중 하나이기 때문에 흥미를 갖고 배워두면 회식 자리를 즐겁게 만들 수 있다. 프랑스 와인이라면 보르도, 부르고뉴, 샹파뉴가 대표적이다. 예를 들어, 보르도라면 5대 샤토(château: 성(城) 또는 대저택을 뜻하는 프랑스어 - 옮긴이)나 등급 분류 샤토, 이탈리안 와인이라면 피에몬테, 토스카나, 시칠리아의 대표적인 와인을 알아둔다면 좋겠다.

노트는 코넬식으로 쓴다

[코넬식 노트]

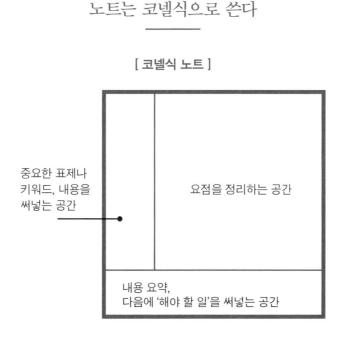

중요한 표제나 키워드, 내용을 써넣는 공간

요점을 정리하는 공간

내용 요약, 다음에 '해야 할 일'을 써넣는 공간

코넬식 노트는 미국 코넬대학에서 고안된 강의 노트의 취급 방식이다. 노트의 형식 자체는 매우 단순하다. 노트를 3등분하여 ① **내용,** ② **표제**

③ **요약**으로 분류한다. 보통 일반 노트나 종이에 선을 그으면 언제든지 작성할 수 있지만, 처음부터 선이 그어져 있는 것도 판매되고 있다.

나는 하단 요약 부분에서 다음에 해야 할 일(TO-DO) 리스트도 활용하고 있다. 코넬식 노트 개념은 의사록을 취급할 때도 응용할 수 있고 구조화하기도 쉽다. 그 경우에도 내용에 번호 만들기, 표시(레이블)를 붙인다.

외모도 꾸미기 나름이다

사람을 처음 만났을 때에는 정보인식의 대부분을 외모와 목소리에 의존한다. 비즈니스 장면에서 상대방의 이목을 끄는 멋진 모습을 하고 화려한 복장을 할 필요는 없지만, 외모에서 손해볼 필요는 없다. TPO(시간(time), 장소(place), 상황(occasion) - 옮긴이)를 생각하면 좋을 것이다. 예를 들면, 화가 나서 소리를 지르는 등, 폭풍이 예상되는 뱅크 미팅(채권자 조정회의)에 참여할 때에 캐주얼 복장은 아무래도 생각해보는 것이 좋다.

복장은 비즈니스 전문가로서 신뢰감을 주도록 다음 사항들을 의식해 착용한다.

> **전문가가 관심을 가져야 할 복장 포인트**
> ❶ 청결을 최우선으로 한다.
> - 셔츠나 정장은 구김이 없도록 다림질한 옷을 입는다.

- 출장에서는 구김이 지지 않는 소재의 옷을 선택한다.
- 회의 전에 잠깐이라도 거울을 보고 넥타이나 얼굴, 치아의 더러운 자국이나 흔적을 점검한다.
- 며칠씩 같은 정장을 입으면 손상과 구김이 생길 수 있기 때문에 여벌을 준비하여 교체해 입도록 한다.
- 매일 아침, 손톱이 길지 않았는지 확인한다.

❷ 색의 조화를 생각한다.
- 비즈니스 정장의 기본으로 남성은 전체가 단색인 무늬 없는 짙은 색이나 네이비 계통, 여성은 거기에 회색이나 베이지색 계열도 무난하다.
- 어떤 남성에게도 잘 어울리는 옷차림으로, 흰 셔츠에 블루 계통의 무지나 줄무늬 스타일의 넥타이가 좋다.

◇ 넥타이나 정장의 색과 멋은 얼굴색, 피부색과 조합이 중요하다. 자신에게 잘 어울리는 색을 한번 스타일리스트나 컬러리스트에게 추천 받으면, 이후에도 복장을 선택하기 편해진다.

❸ 액세서리에 신경쓴다.
- 남성의 양말은 지나치게 짧아 정강이가 보이지 않도록 주의한다.
- 여성의 스타킹은 올이 풀리지 않았는지 확인한다.

- 시계나 액세서리는 자신의 캐릭터나 직업에 어울리는 것을 선택한다.
- 구두는 반드시 손질한다. 휴일에 브러시나 클리너로 더러워진 자국이나 흔적을 제거하고 구두 크림을 발라서 손질해둔다. 보통 외출할 때는 물을 짠 천으로 가볍게 닦아 깨끗하게 한다.(나는 사피르(saphir) 구두 크림을 사용하고 있다.)

❹ 웃는 얼굴을 연습해둔다.
- 너무 과장되진 않은지, 반대로 무표정하진 않은지 거울을 보고 웃는 얼굴을 연습해둔다.
◇ 자신이 어떤 모습의 웃는 얼굴인지 파악해둔다. 이것은 프레젠테이션을 할 때나 사진을 찍을 때에도 도움이 된다.

여러분이 빌 게이츠라면 복장에 신경쓰지 않아도 상관없지만, 빌 게이츠가 아니라면 관심을 가져주기 바란다. 또한 여러분이 멋진 기업가더라도 TOP를 고려한 외모에 신경쓰길 바란다.

항상 출장갈 수 있도록 준비한다

비즈니스 전문가는 국내외를 가리지 않고 항상 출장갈 수 있도록 준비해두어야 한다. 여러분이 담당한 프로젝트에 문제가 발생해 곧바로 현지로 날아갈 일이 생길 수도 있다. 협상 안건이 점입가경에 접어들어, 서둘러 협상 상대가 있는 지역으로 날아가 안건을 마무리해야 할 수도 있다. **'가능하면 빨리 현지로 날아오라'**라는 연락을 받자마자, 지체없이 출장을 떠날 수 있도록 다음과 같이 준비해둔다.

① 자신만의 '출장 세트'를 준비해둔다.

평소 사용하는 일용품을 출장 때마다 바꿔 넣지 않는다. 출장용 세면도구 등을 정리해 가방에 넣어두고 상황이 발생하면 곧바로 출장을 떠날 수 있도록 준비해둔다. 간단한 일이지만 그렇게 준비해두면 필요한 물건을 깜빡 잊어버리고 떠나는 불상사를 사전에 방지할 수 있다. 나는 출장갈 때 이동하기 쉽도록 TUMI(미국의 가방 브랜드 - 옮긴이)의 비즈니스 가방을 리모와(독일의 여행가방 브랜드 - 옮긴이)의 슈트케이스 손잡이 부분에 고정해 사용하고 있다. 비즈니스 가방에는 노트북을 넣어 기내에 들고 들어간다.

슈트케이스에 짐을 정리할 때 AC 어댑터나 배터리 같은 작은 물건은 바로 찾을 수 있도록 속이 보이는 파우치 등을 사용해 정리해둔다. 행선지에서 뭔가 찾는 데에 시간을 허비하는 것은 정말로 쓸데없는 낭비다.

출장갈 때에만 한정된 것은 아니지만, 출장에 필요한 물품을 잘 수납할 수 있는 여행용 가방을 준비해두면 여행물품을 준비하고 정리해두는 데에 편리하다. ·또한 한쪽 가방에 여행물품을 미리 준비하여 정리해두면, 갑자기 출장을 떠나야 할 경우, 한쪽 가방의 내용을 다른쪽 가방에 곧바로 바꿔 넣음으로써 항상 사용하던 물건을 넣는 것을 잊어버리는 사태가 없어진다.

② 해외에서는 해당 국가의 관습이나 규제를 따른다

여러 차례 방문하는 나라라면 괜찮지만 처음 방문하는 나라라면 문화나 비자 취득 방법, 국제운전면허의 운전 가능 여부 등을 미리 조사해두기 바란다. 고객이나 상사를 접대해야 한다면 이런 노정(路程)은 완벽히 확인해둘 필요가 있다.

해당 국가의 관습에 따라 우리가 보통 하지 않는 준비가 꼭 필요한 나라도 있다. 예를 들면, 이슬람교도가 많은 나라라면 여성이 피부를 외부에 노출하는 것은 피해야 하므로 조금 큰 스카프 등을 챙겨야 한다. 비가 올 때나 방한용으로 둥글고 조그맣게 만들 수 있고, 주머니에 들어갈 정도로 작은 외투가 있다면 편리하다. 또한 열대지역에서는 벌레에 물리지 않기 위해, 사막지대에서는 피부가 햇볕에 타는 것을 막기 위한 복장 등 현지에서 곧바로 준비할 수 없는 물품도 있기 때문에, 출장 전에 인터넷으로 현지 환경을 미리 조사해둔다.

③ 예방접종·의약품을 준비한다

해외에서는 전혀 생각하지 못한 감염증이나 풍토병에 걸리는 경우도 있다. 국내 병원이나 보건소에서 풍토병에 걸리지 않도록 미리 백신을 접종할수 있다. 단, 여기서 주의할 점은 수개월 동안 여러 차례 백신 접종을 하지 않으면 효력이 없을 수도 있다. 따라서 감염 등이 예상되는 지역에 출장가는 사람은, 6개월 전에 미리 예방접종을 맞아두어야 한다.

백신을 접종한 경우, 그 기록이 적힌 영문증명서를 받아 보관하면 현지에서 병원에 갈 일이 생겼을 때 자신의 신체 상황에 대한 정보를 쉽게 전달할 수 있다.

지병이 있는 사람은 현지에서 똑같은 약을 구하는 것이 어려울 수도 있기 때문에 평소 복용하는 약을 충분히 준비해간다. 곤충 퇴치 스프레이는 열대지역 등에서는 효과가 약할 수도 있으니 현지에 맞게 사용할 수 있는 적절한 약품을 준비해 가져간다.

또한 위생 상태가 열악한 지역으로 비즈니스 여행을 갈 때는 장기체류가 아니라면 현지에서 판매되는 식사를 하지 말고 영양가가 높은 '칼로리-메이트(calorie mate)' 등으로 해결하는 것도 좋은 방법이다. 비즈니스 협상을 위해 갔다가 방문지에서 식중독에 걸려 고생하지 않도록 말이다.

④ 통신수단(휴대전화, 인터넷)을 준비한다

고속인터넷 통신환경이 발달된 나라라면 별 문제 없겠지만, 해외에서는 지역에 따라 인터넷 접속을 쉽게 할 수 없는 경우도 있다. 따라서 데이터로밍의 사용 가능 여부나 호텔의 인터넷 환경 등을 확인해둔다.

선진국이 아니더라도 공항에서는 와이파이(Wi-Fi)를 사용할 수 있는 경우가 많기 때문에 **메일 확인은 공항을 경유할 때마다 해둔다.** 그 경우, 미리 기내에서 메일 초안을 잡아두고, 나중에 송신만 하면 시간을 절약할 수 있다. 요즘에는 어디서나 무선인터넷을 사용할 수 있는 경우가 많다. 그래도 만약에 대비해 짧은 유선 케이블을 준비하는 것이 좋다. 전기 콘센트도 국가별로 삽입 방식에 맞는 것이 판매되고 있으니 준비해둔다. **전화나 인터넷 등의 통신수단은 하나만 가져가지 말고 백업용도 준비하고, 백업용 배터리도 잊지 않는다.**

예상 못한 상황에 준비한다는 의미에서, 국가나 지역에 따라 경찰이나 군(軍) 당국에 PC, 휴대전화, 카메라, 기록 매체 등에서 뭔가 문제가 생겨 물품을 압수당하는 경우에 대비해야 한다. 그런 사태가 예상되는 지역에서는 만약의 경우를 대비해 백업 물품을 준비해두기 바란다. 신문 기자들은 이런 사정을 잘 알기 때문에 옆에 있으면 물어본다.

일생생활에서도 말하는 것이지만 **여권번호 같은 개인정보를 비밀번호를 만들어 기록매체에 넣어두면 원본을 분실하더라도 다시 여권 정보를 꺼내 활용할 수 있다.**

정보 보안 전문기업인 캐스퍼스키사(Kaspersky: 러시아 모스크바에 본사를 둔 세계 최대 IT 보안회사 - 옮긴이)에 따르면 기업 기밀을 노리는 해커가 호텔의 와이파이에 침입해 소프트웨어 갱신을 가장하고 기밀정보를 훔친 사례가 있는데, 일본에서도 이미 2,000대가 넘는 단말기가 감염된 바 있다. 출장지에서는 소프트웨어 갱신이나 잘 모르는 소프트웨어를 설치할 때에는 특별히 주의하기 바란다.

책상 주위를 정리한다

① 자주 사용하는 물건의 정위치를 정한다.

당연한 말이지만 '확인 중'이나 '확인 완료' 서류, 자주 사용하는 문구 등은 직장에서 사용하는 책상 주위에 정위치를 정해두어야 한다. 서류나 물건을 찾는 시간이나 분실 위험을 줄이면 다른 중요한 일에 더 많은 시간을 쓸 수 있기 때문이다. 또한 서류는 중요도에 따라 따로 분류해 놓아두는 것이 좋다.

② PC 모니터는 듀얼(dual)로 크게 한다.

데스크탑 모니터는 두 개를 사용하기 바란다. 업무용 데스크로 하나 더 큰 모니터를 준비해두면 화면이 두 개(듀얼)인 환경에서 작업할 수 있다. 이런 환경이라면 화면으로 여러 개의 창을 동시에 열어 작업할 수 있기 때문에 브라우저에서 정보를 보면서 엑셀이나 파워포인트로 작업할 수 있다. 단순하지만 분명히 작업효율이 올라간다.

③ 해야 할 일(TO-DO) 목록은 컴퓨터의 키보드 위에 둔다.

스마트폰도 그렇지만 하루에 꼭 보게 되는 곳은 자신이 주로 사용하는 컴퓨터 자판이다. 반드시 확인해야 할 서류나 '해야 할 일' 목록은 컴퓨터 자판 위에 두면 잊어버리지 않는다.

④ 데스크탑 검색을 사용한다.

컴퓨터 안의 파일을 찾아내는 데스크탑 검색은 파일을 찾을 때 편리하다.

⑤ 파일명에 반드시 날짜를 적어 넣는다.

이것도 간단하지만 습관을 들인다면 파일이 눈에 잘 띄기 때문에 시인성이 올라가고 정리하기도 쉬워진다.

타인에게도 큰 효율성을 주는 여러 요령이나 도구가 있다고 생각하지만 컴퓨터를 만지작거리는 데에 너무 몰두하지 말고, 어디까지나 창의적으로 사용할 수 있는 시간을 확보하도록 자신의 업무환경을 정리해두기 바란다. 또한 가까운 미래에 지식노동자가 효율화하고 싶어하는 단순 작업은 인공지능으로 대체될 수 있다.

자국 문화에 대해 설명할 수 있도록 준비한다

나는 언젠가 인도인과 식사 자리에서 '신도(神道)와 일본인'에 대해 여러 가지 질문을 받은 경험이 있다. 내가 그 인도인에게, '매우 잘 알고 있네요.'라고 말하자 '인터넷에서 조사했고 질문하고 싶은 게 많아서'라는 대답이 돌아왔다. 상대방을 존중하는 마음으로 **상대방 국가의 역사나 최신 이슈를 미리 조사해두는 것이 기본이다.**

한편, 당연한 일이지만 평상시에 자국 문화에 대해 생각하지 못하고 대화를 나눌 수는 없다. 지금도 이런 회식 자리가 많은 사람은 모임 전에 미리 필요한 내용들을 조사해 영어로 말할 수 있도록 해두어야 한다.

상대방의 종교를 이해한다

외국인과 비즈니스로 만나 식사할 때 유의할 점은 상대방이 채식주의자인지 여부를 확인하는 것이다. 예를 들면, 힌두교도 중 일부는 채식주의자다. 그리고 이슬람교도(무슬림)는 돼지고기나 술을 먹지 않는다. 힌두교도는 소, 유대교도는 비늘이 없는 어패류는 종교적 이유에서 먹지 않는 경우가 있기 때문에 미리 확인해두는 것이 필요하다.

예를 들면, 무슬림이더라도 어느 정도까지 엄격히 가려 먹는지 여부는 개인에 따라 다르다. 이슬람법에서 합법으로 간주되는 음식을 할랄(Halal)이라고 한다. 이슬람 율법에 따라 할랄 인증을 받은 음식이 공급되고 있으며 할랄을 인증하는 기관도 수없이 많다. 이슬람 문화권의 여러 나라에 따라 인증 기준이 서로 다르기 때문에 할랄 인증을 받았더라도 이슬람인이라고 해서 누구나 그 음식을 먹는 것은 아니다. 이런 종교상 문제는 국가나 지역에 따라 고유하게 존재하는 요소라는 점도 인식하기 바란다. 우리에게 익숙하지 않은 이슬람 문화이지만 기업들이 EMEA(유럽·중동·아프리카) 지역으로 관여와 진출이 늘고 있기 때문에 이슬람 문화에 대한 기초 지식이 필요하다.

외국인과의 식사 자리에서 경의와 관심을 갖고 상대방 국가나 종교에 대해 묻는 것은 좋지만 **차별적인 발언이나 비난은 절대로 피하기 바란다.** 잘못된 의사소통이 되기 쉬운 종교에 대한 화제는 가능하면 피하는 것이 좋다.

03.

꾸준한 학습 능력으로
자신을 관리한다

비즈니스 전문가로서 가장 중요한 자질은 '꾸준한 학습 능력'
이다. 마찬가지로 계속 학습해나가는 조직은 강해지는 것이다.
사고와 지식의 피라미드는 논리적 사고력 등의 기반 위에업
계 지식이나 경제 흐름이라는, 시시각각 변화하는 정보가 쌓
이고 있다.

전문가로서 체력 관리를 한다

생명이 영원한 사람은 없다. 경제학자 케인즈도 '우리는 장기적으로 모두 죽어간다.'라고 말했다. 내일도 오늘과 마찬가지로 일상이 계속 이어지는 것 같지만, 어쩌면 내일 여러분은 안타깝게도 죽음을 맞을지도 모른다.

또한 **근무하는 회사가 문을 닫을 수도 있다.** 나는 회사가 문을 닫고 없어지는 것을 경험한 바 있고 그런 회사를 많이 봐왔다. 자금조달이 막히고 큰 부채를 안아 곧 없어질 회사더라도 종업원은 경영이 파탄난 그 날까지도 회사가 문을 닫는다고 생각하지 않는 경우도 많다. 인간은 보고 싶은 것만 보는 경향이 있어 아무리 객관적으로 부도 징후가 나타나도 '설마 망하진 않을 거야.'라고 생각하는 것이다.

전략적 사고를 한다면 처음부터 모든 일에는 일정한 한계가 있고 사이클이 있다고 생각해야 한다. 시장(市場)이나 경기(景氣)에도 주기가 있으며, 주위에서 뛰어난 평가를 받는 사람도 병에 걸리면 일을 그만두는 상황에 직면한다.

사실 자녀 교육이나 부모 간병 등 사적인 일에서 걱정 없이 오직 한마음으로 일할 수 있는 시기는 인생에서 매우 짧은 기간에 불과하다. 또한 신체에 부하(負荷)를 걸어 일할 수 있는 나이도 약 40세 정도까지이다. 이런 의식은 평상시 호르몬 균형 등의 주기를 걱정하는 여성보다 남성 쪽이 훨씬 희박하고, 언제까지나 같은 일을 할 수 있다고 생각한 나머지 일을 지나치게 많이 해 몸을 망가뜨리는 경우가 많다.

인간은 살아 숨쉬는 생명체이기 때문에 업무의 질은 전적으로 몸 상태에 달려 있다. **30세 정도부터는 의식적으로 심신관리에 신경써야 한다.** 중요한 점은 일을 계속해나가는 것이고 그것을 위해 건강한 신체가 필요하다. 건강하지 않으면 일을 할 수도 없고 경쟁을 할 수도 없다.

비즈니스 전문가가 습관을 들여야 하는 몸 상태 관리

❶ 수면 시간

- 일반적으로 6시간 이상이 필요하다.

- 1시간 반마다 수면 시간을 설정하면 잠을 자고 일어나기 좋다.

- 잠에서 깨어 일어나면 햇볕을 쬐어 몸의 자각을 촉구한다.

❷ 균형 잡힌 식사

- 염분, 유분은 적게 섭취하도록 유의한다.

- 의식적으로 채소를 충분히 섭취한다.

- 식사량은 아침부터 저녁까지 역삼각형 모양을 취하도록 유의한다.

- 한밤중에는 먹지 않고, 위를 쉬게 한다.

❸ 규칙적인 운동

- 몸이 굳어지면 스트레칭으로 풀어준다.

- 10분 트레이닝: 푸시 업(push-up) × 20, 크런치(윗몸일으키기의 변형 운동으로, 상복부를 단련하는 복근운동 - 옮긴이) × 20, 스쿼트 (SQUAT: 허벅지 근육인 '속근'을 키우기 위한 운동 - 옮긴이) × 20을 매일 운동을 하면 최소한의 근력이 유지된다.

- 일상생활 중 자신의 몸 자세를 의식하면서 조금 빠른 걸음으로

걷고 가능하면 계단을 이용한다.

❹ 스트레스 관리

- 스트레스의 원인을 파악한다: 자신이 정말 무엇을 싫어하는지 파악하고, 참기 어려운 상태가 되기 전에 상담을 받거나 쉴 수 있도록 결정한다. '정말로 좋은 상사로부터 혜택을 받고 있어서' 라고 남에게 말은 하지만, 실제로는 죽이고 싶을 정도로 싫은 경우가 있기 때문에 자신까지 속이지 않도록 한다.
- 물건을 정리한다: 바로 눈앞에 있어서 생각하거나 당장 하지 않으면 안 되는, 싫어하는 일을 옆에 늘어놓고 '이렇게 하기 싫은 일이 많다'라고 생각하지 않도록 사안의 심각성이나 긴급성 정도와 함께, 위에서 아래로 늘어놓고 비교해 생각하는 습관을 들인다.
- 상담을 받는다: 억압받는 마음의 고민은 신체 이상증상으로 나타나는 경우가 많기 때문에, 어떤 증상이 나타날 때에는 자신의 고민에 대해서도 의사와 상담한다.

❺ 몸 관리

- 정기적으로 건강검진을 받는다.
- 감기에는 조기대응한다. 감기 초기는 갈근탕이나 먹는 보충약을 따뜻이 데워 섭취한다.

◇ 한창 일할 나이인 40세 무렵부터는 정기적으로 건강검진을 받지 못

한 것이 원인이 되어 심각한 질병을 조기에 발견하지 못하는 경우도 있다. 또한 성인이라도 감기나 폐렴이 중병이 되어 자신의 소중한 업무 경력을 망칠 수도 있다.

실패를 통해 많은 것을 배운다

비즈니스 전문가로서 가장 중요한 자질은 **'꾸준한 학습 능력'**이다. 마찬가지로 계속 학습해나가는 조직은 강해진다. 사고와 지식의 피라미드는 논리적 사고력 등의 기반 위에 업계 지식이나 경제 흐름이라는, 시시각각 변화하는 정보가 쌓이고 있다. 이런 정보를 구조화해 통찰로 바꾸어나가기 위해서는 '그런 것 정도는 모두 알고 있어요.'라는 태도가 아니라, **겸허히 자신이 알지 못하는 것을 인식하고 탐욕스러울 정도로 왕성히 정보를 수집해나갈 필요가 있다.** 정보만이라면 인터넷 상에 얼마든지 있다.

사회로 나오면서 계속 학습해나가기 위해서는 '나는 일류대학을 나왔기 때문에'라든가 '일류기업에서 근무하기 때문에'라는 쓸데없는 자존심을 버려야한다. 업무 기술부터 사회생활의 질서를 지키기 위해 사람이 지켜야 할 행동양식 만들기에 이르기까지 누구나 지속적으로 학습해나가는 것이 이후의 지식과 경험의 차이를 만들게 된다.

무엇이든 호기심을 갖고 계속 배우는 사람은 **'매일 아침 잠에서 깨어 일어날 때마다 새롭게 태어나고 변화한다.'**라는 자기신념을 지닌 것이다. 배움은 업무를 해나가는 데에 피와 살이 된다. 특히 성공보다 실패를 통해 많은 것을 배울 수 있다. 실패의 아픔을 비교적 빨리 기억해둔다면 사소한 일에서도 이중 확인(double-check)을 하게 된다. 처음부터 일에 대한 실패를 두려워하지 말고 70% 정도의 완성도로 진행하고 계속 보완해가면서 목표에 도달할 수 있도록 한다. 비즈니스에서 내일 아침까지 준비해야 하는 자료를 100% 만들려는 나머지, 제때 완성하지 못하고 1주일 후에나 제출하게 된다면 아무 가치가 없다. 보완하면서 진행해나간다는 것을 기억해두기 바란다.

나쁜 뉴스도 소통 되는 문화를 조성한다

여러분이 관리자라면 부하에 대해 '틀리지 않고 틀려서는 안 된다'는 완벽함을 옳다고 여기는 것이 아니라, 작은 실수나 예상 밖의 현상이 나타났을 때 가능하면 빠르고 정확히 보고하는 것을 장려해야 한다는 점을 잘 알고 있어야 한다. 아무튼 '노-서프라이즈(No-Surprise: 놀라지 말아줘)'를 잘 알고 잠재적 리스크를 인식하지 않은 상태로 비즈니스를 진행하는 것은 피해야 한다.

이것을 위해서는 여러분 자신이 적극적으로 **'당초 계획에서 알지 못했더라도 이런 실패를 했기 때문에 이런 대응을 했다.'**라는 내용을 부하 직원과 공유함으로써 나쁜 뉴스가 보고되는 풍토나 불확실한 것이라도 수정하면서 도전하는 문화를 조성한다. 이런 풍토가 없는 조직은 '우리는 틀리지 않는다.'라는 완벽함을 신봉함으로써 언제까지나 채산이 맞지 않는 사업을 계속하고, 과거의 불상사가 드러났을 때 잘못된 대응으로 조직을 존폐 위기에 빠트린다.

전문가에게 중요한 것은 시간과 경험

시간은 한정되어 있고 대체이익이 없는 가치 있는 것이다. 특히 습득력과 체력이 뛰어난 20대 젊은이들은 돈과 경험 중 하나를 택해야 할 경우, 경험을 선택해야 한다.

나는 명문 중·고등학교와 대학을 졸업하고 유명 종합상사나 은행에 입사하는 30대 전후 지원자들을 중도 채용 면접(신규 학교 졸업자로서 채용된 사람 외의 상용노동자 면접)에서 자주 만나고 있다. 성장이 20세 정도에서 멈춰있다고 해야 할지 어린아이와 이야기 나누고 있는 듯한 인상을 주는 사람들이 적지 않다. 큰 회사에서는 신입사원에게 그렇게 중요한 일을 맡기는 경우가 거의 없다. 스스로 경험을 쌓을 적절한 회사를 선택하지 않으면 아무 것도 배우지 못한 채 나이만 들고 만다. **20대의 몇 백만의 연봉 차이는 오차 범위 안에 있을 뿐이다.** 경험을 계속 산다는 생각으로 길을 잃은 경우, 오히려 어려운 쪽을 선택해야 한다. 20~30대 시간은 그 이후의 시간보다 소중하다.

여러분의 시간이 소중한 것처럼 타인의 시간도 소중하다. 크리에이터나 전문가로서 아이디어를 얻기도 하고 논의를 통해 자신의 생각을 깊이 있게 만들기도 한다. 여러분이 그런 시간을 받았을 때에는 감사함을 느끼는 동시에 뭔가 '답례'해주기 바란다. 한편 자신이 미숙한 쪽은 '**기브**(give), **기브, 기브, 테이크**(take)' 정도로 타인에게 아이디어를 양도하기 바란다. 자신이 타인에게 준 아이디어는 결국 돌고 돌아 여러분의 자산이 된다.

04.

아이디어에 최대가치를 둔다

오늘 뭔가 아이디어가 떠올랐을 때 좀 더 깊이 생각하는가 여부는 상당히 중요한 의미를 갖는다. '이게 왜 이렇지?' 라는 호기심을 계속 지닌 채 정보를 입수하고 활용하려는 노력을 게을리하지 않는 것이 한걸음 더 창의적인 단계로 발전해나갈지 여부를 결정한다.

언제 어디서나 사명감을 갖고
업무를 수행한다

첨단기술의 발달로 시간과 장소에 구애받지 않고 일할 수 있게 되었다. PC나 스마트폰이 있으면 카페, 공항, 고속열차 내에서도 업무를 볼 수 있다. 첨단기술의 발달로 개인의 시간이 업무 시간 안으로 침범해 들어왔다고 생각해야 할지 아니면 자투리 시간을 활용해 업무를 빨리 끝내고 개인 일에 충실하게 되었다고 생각할지는 여러분의 자유다. 하지만 현재 고도의 전문 지식을 갖춘 전문가의 업무 스타일로서는 시간이야말로 한정된 자원이므로 **기술을 잘 사용해야 한다.**

예를 들어, 오후에는 빨리 집으로 돌아와 저녁을 만들어 자녀들과 함께 식사하고, 자녀를 재운 후, 업무 메일 확인이나 미처 처리하지 못한 일을 할 수 있게 된 것도 첨단기술 덕분이다. **나는 이동시간이나 회의 시작 전에 업무의 인풋이나 아웃풋을 바꾸고 있다.** 혼잡한 지하철 안에서는 뉴스를 듣거나, 출장가는 고속열차 안에서는 그동안 읽지 못한 비즈니스 관련 책이나 논문을 읽는다.

기밀 유지 차원에서 옆자리의 사람에게 자료가 노출될 염려가 있는 장소에서는 회사나 고객 관련 중요 문서를 보거나 자료를 작성하는 일을 하지 않고 일반적인 자료만 노트북에 입력한다. 해외출장을 가는 비행기 내부는 외부와 격리되어 있고 오랫동안 집중할 수 있기 때문에 업무 자료를 정리한다. 다른 사람에게 노트북 화면을 노출시킬 염려가 있는 카페나 대합실 등에서는 생각이 단절되지 않도록 정해진 시간 안에 끝낼 수 있는 업무를 한다.

회사 업무와 개인적인 일을 꼭 분리하고 싶은 사람도 있겠지만, 나 자신은 **365일 24시간 어디서나 업무 생각을 하고 있지 않으면 창의적이거나 순간 번뜩이는 것이 떠오르지 않는 느낌**이다. 떠오른 아이디어는 잠을 자 숙성시키는 시간이 필요하다. 어떤 능력이나 감각보다도 인풋(투입)양과 질적으로 지속해 생각하는 노력이 부족하면 수준 높은 아웃풋(산출량)은 나오기 어렵기 때문이다.

오늘 뭔가 생각이 떠올랐을 때 좀 더 깊이 생각하는가 여부는 상당히 중요한 의미를 갖는다. **'이게 왜 이렇지?'**라는 호기심으로 정보를 입수하고 활용하려는 노력을 게을리하지 않는 것이 한걸음 더 창의적인 단계로 발전해 나갈지를 결정한다.

흔히 신입사원에게 기업을 분석하고 비즈니스 모델을 정밀조사시킬 때는 '먼저 가치사슬(value-chain) 모형을 머리에 떠올려 보세요.'라고 말한다. 이것은 습관의 문제로 **'지하철 안에서 외부 간판을 보고 계속 업계의 가치사슬을 생각해내는 연습을 해보세요.'**라고도 말하고 있다.

업무와 개인적인 일을 분리하지 않고 사고를 연속적으로 계속해 나가기 위해서는, **자신의 의사대로 업무를 하고 있는지, 누군가의 강요로 업무하고 있는지에 따라 차이가 있다.** 누군가의 지시를 받고 하고 싶지 않은 일을 계속하지 않는 것은 당연하며 사명감으로 자신을 위해 업무를 생각하고 생활하거나, "다시 좋은 아이디어가 떠올랐다."라고 말할 수 있는 세계는 근본적으로 다르다.

지금 이 순간
세상에 무슨 일이 일어나고 있는지 생각한다

————

창의적인 매출 전문지식을 갖춘 인재에게는 변호사나 회계사 등의 지식노동보다 새로운 것을 구상하고 실행하는 것이 요구된다.

인공지능의 발달로 정형화된 작업이나 대량의 데이터 분석 등은 인간보다 인공지능에게 맡기는 세상이 도래했다. 예를 들어, 대규모 신참 변호사들이 기업의 부정행위를 조사하기 위해 서류 검토 작업은 앞으로 인공지능으로 대체될 것이다. 반면, 인간이 컴퓨터가 수행하는 상관관계 해석과 비교해 우위에 있는 것은 **적은 표본으로부터 유형을 찾아내 지식을 전이시켜 나가는 상상력을 사용하는 일이다.**

'상상력'은 지식으로 무장한 인간으로부터 인간을 고도로 이해하고 뭔가 새로 만들어내는 인간이 되기 위해 필요한 능력이다. 즉, 상상력은 일상의 소통 과정에서도, '왜 A 과장은 B 과장과 동기인데도 복도에서 마주쳤을 때 인사하지 않는가?'라는 질문을 설정하는 데에 중요하다. 외교에서도 다른 나라가 우리나라에 대해 적대적인 언동을 멈추지 않는 것은 자국의 여론을 한데 모으기 위해 즉, 내정 문제가 외교에서 적을 만들어내는 원동력이 되기 때문이라고 상상할 수 있는 능력이 전략가에게 요구된다.

식사 시간이나 샤워하는 지금 이 순간에도 지구 어디선가는 하루 1달러 25센트로 살아가는 사람들이 12억 명 이상 있다(세계은행 조사). 여러분의 가까운 데에 그런 사람이 있다면 무엇이든 주고 싶을지 모르지만 지구의 너무나 먼 어느 곳이라는 상상이 따라붙을지도 모른다. 물론 가까운 곳의 사람과의 의사소통에서도 상대방이 무슨 생각을 하는지 어떤 동기나 목표로 행동하는지 생각하지 않으면 순조롭게 일이 진행되지 않을 것이다. 단순히 상상력이라는 의미에서는 세계 어디선가 식수로 어려움을 겪는 사람을 생각한다는 정도와 별로 다르지 않을 것이다. **'상냥함'의 주 요소는 상상력이다.** 여러분이 손가락을 종이에 베었을 때 아픔을 느끼기 때문에, 멀리 있는 누군가가 공습을 받아 다쳤다면 반드시 같은 아픔을 느낄 것이다. 타인을 향한 상상력이 있다면 편협한 민족주의 같은 냉정한 판단을 흐리는 요인으로부터 자유로워질 것이다.

여러분이 리더가 되어 사람들로부터 공감을 얻기 위해서라도 사람들의 우선순위를 아는 상상력을 빼놓을 수 없다. 자신이 상상력이 있다고 믿기 바란다. 세계적 디자인 컨설팅 업체 IDEO의 창업자 켈리 형제는 저서『창의적 사고방식(Creative mind-set)』에서 '창의적이기 위한 첫 단계는 창의적이 되고 싶다고 결심하는 것이다.'라고 서술하고 있다. 또한, 위의 책 중 창의적인 '체험 설계'로서 굉음이 발생하는 의료용 MRI 안에서 어린아이가 무서워 들어가지 않으려는 문제 상황에 대해, 오히려 MRI를 다채로운 색의 해적선이나 우주선으로 페인트칠을 함으로써 어린아이에게 공포스러운 MRI 촬영을 즐거운 모험으로 바꾼 사례를 들고 있다. 이런 것들은 상상력으로 새로운 체험을 창조한 멋진 사례다.

비즈니스에서 여러 유추(analogy)를 통해 아이디어를 내려면 상상력과 경험을 잘 조합해야 한다. 건설 중장비 제작 회사인 코마츠의 콤트랙스(KOMTRAX)는 건설기계에 GPS나 통신 시스템을 갖추어 차량 상황을 모니터링해, 부품이나 오일 교환 시기 등을 알려주는 시스템을 적용했다. 코마츠 센터에서는 전 세계에서 가동 중인 모든 건설기계를 항상 모니터링하고 관리하고 있다.

이 시스템은 1996년 발매되어 유행한 '다마고치'를 보고 개발 기술자가 생각해냈다고 한다. '다마고치'는 게임 캐릭터가 '배고프다'라고 말한 것이지만, 건설 중장비가 '나는 여기 있다.'나 '연료가 얼마 남지 않았다.'라고 말하면 편리할 것이라고 생각했던 것이다. 이것은 유추 사례이다. 코마츠는 이 아이디어를 실현하기 위해 회사 내부 기술만 고집하지 않고 당시 미국의 통신기술을 사들여 사용했다. 여기에도 조합의 유연한 힘이 살아 있다.

유추를 사용하는 것은 배우가 자신의 상상력과 경험을 조합하여 배역을 연기하기 위해 연구해나가는 과정과 비슷하다. **만약 내가 고객이라면, 무엇을 바라고 왜 원하는지 생각해보기 바란다.** 물론 어느 정도 상상하더라도 남아프리카 시장의 고객 행동에 대해 알지 못할 수도 있다. 그때는 현지에 발을 옮기면 '백문이 불여일견'이라는 말처럼 이해할 수도 있다. 현장을 알지 못하는 컨설턴트가 논리만으로 말만 많고 행동하지 않는 전략을 강요하는 것과 상상력을 사용하는 경우는 근본적으로 다르다.

이런 상상력을 높이는 방법은, 진부하지만 **소설이나 영화에 등장하는 인물들을 통해 다양한 비슷한 체험을 하는 것이다.** 나는 특정 업계에 대해 알고 싶으면 현지에 가거나, 실무 관련 서적을 읽거나 소설이나 영화로부터 해당 업계의 분위기나 작법을 공부한다.

프레젠테이션에 드라마를 만든다

프레젠테이션에는 가능하면 내용을 논리적으로 정확히 전달해야 하는 것과 청중의 감정에 호소해 공감을 얻는 것이 있다. 여러분도 TED에서 유명 인사가 감정을 호소하면서 말하는 장면을 본 적이 있을 것이다.

여기서는 여러분이 전략가로서, 리더로서 공감을 부르기 위한 TED적 프레젠테이션에 대해 생각해본다.

상대방을 설득할 때에도 담담히 논리적으로 말하는 것보다 **스토리를 담아 말해야 할 때가 있다.** 여러분이 프레젠테이션을 진행할 때 청중을 집중시키기 위해 고려할 기본 사항은 내용에 드라마가 담겨 있는가 여부다. 옛날부터 드라마에는 몇 가지 전형적 유형이 있다. 예를 들어, 처음에는 주인공이 힘들어하고 약한 부분을 보이지만, 고생하면서도 사람들의 도움을 받아 난관에 맞서고, 이후 성장해 돌아온다는 유형이다.

일본에서는 오래 전부터 한시(漢詩)의 작법에서 차용한 '**기승전결(起承轉結)**' 유형이 유명하다. 프레젠테이션의 기본 형식은 다음과 같다.

프레젠테이션의 기본 형식

❶ 상황 설명
 - 지금부터 여러분이 이야기하는 내용의 상황을 설명한다.
❷ 어려움이나 문제
 - 청중의 공감을 부르기 위해 청중에게 질문을 던지면서 여러분 자신부터 어려움이나 문제 설정을 수행하고 청중이 생각을 하도

록 하여 청중을 끌어들인다.

❸ 어려움 극복이나 문제 해결

- 앞에 나온 문제나 과제에 여러분이 어떻게 대처하고, 무엇이 문제 해결의 계기나 열쇠가 되었는지 이야기한다.

❹ 향후

- 여러분의 프레젠테이션을 듣고 청중이 어떤 새로운 사고방식을 얻었는지, 지금부터 청중이 어떻게 생각하고 무엇을 해야 하는지 정리한다.

기본적으로 프레젠테이션 시간에 맞추어 이런 형식을 배열해나간다. 프레젠테이션을 준비할 때도 **갑자기 발표문 원고를 쓰기 시작하는 것이 아니라, 먼저 플롯(plot)을 짜고 발표문 쓰기로 넘어간다.** 플롯은 'A가 일어나고 B가 일어나고 C가 일어나는' 형태로 사건을 열거해 요약한다. 나도 소설을 쓸 때는 플롯부터 짠다.

프레젠테이션의 기본 동작은
터치(Touch), 턴(Turn), 토크(Talk) 세 가지

———

프레젠테이션 발표 때, 파워포인트 슬라이드를 사용할 경우의 기본 동작은 터치, 턴, 토크 세 가지이다. '터치'는 슬라이드를 가리키고, '턴'은 청중을 향하며, '토크'는 말을 하는 것이다. 여기서 중요하고 익숙해져야 하는 것이 청중과의 눈맞춤이다. 청중의 주의를 이끌어내고 생각을 유도할 때에는 '사이[間]'를 두고, 시선을 청중의 왼쪽에서 오른쪽으로 이동시킨다.

더 세련된 프레젠테이션 기법으로 **'청중과의 눈 맞춤이 안 될 때에는 말을 하지 않는다.'**라는 원칙이 있다. 실제로 '터치'할 때 슬라이드 문자나 그림을 가리키면서 이야기하는 경우가 많지만, 슬라이드 내용은 발표자 쪽에서 볼 수 있는 다른 모니터로 확인해가면서 자기 뒤쪽의 슬라이드는 보지 않고 청중만 바라보며 이야기해나간다면 세련된 프레젠테이션을 할 수 있다.

능숙한 프레젠테이션을 할 수 있는 요령은 무엇보다 연습과 실전 횟수다. 100번 연습하면 그만큼 능숙해진다. 청중은 조금이라도 위화감이 있으면 집중력을 잃기 때문에 위화감을 주는 것은 피해야 한다. **정말 훌륭한 프레젠테이션을 원한다면 많이 연습하기 바란다.** 연습할 때는 비디오로 촬영해 되돌아보면 '저(음, 그러니까)' 등의 허사가 많이 나오거나, 머리나 얼굴을 만지는 버릇을 발견할 수 있다. 자리에 앉아 자료를 설명하는 것도 비디오로 촬영해 확인해보면 개선할 점을 알 수 있다.

평소 자신의 이미지를 관리한다

"A 씨가 자금 사정이 어렵다는 것을 몰랐나요?"

"A 씨와 B 씨 사이의 뭔가 특별한 관계를 몰랐나요?"

이것은 기업범죄를 수사하는 검찰이나 경찰이, 주변 정보를 수집하는 전형적인 질문들이다.

회사에서 스캔들이 발생해 수사받는 상황에 처하고 여러분이 연루되었다고 하자. 수사기관은 사건에 직접적인 관련이 없더라도 '여기까지 알고 있단 말이야'라는 심문 형태로 여러분의 약점이나 비밀을 암시하고, 수사기관이 그려낸 사건 이야기에 필요한 증거를 제공하도록 유도한다. 특히 여러분의 교우관계는 수사기관에게는 중요한 협상 자료다.

최근의 기업 스캔들이나 형사범죄에서는 수사 과정상 방대한 양의 메일이나 도표, 전화 발신 기록이 증거로 채택된다. 수사기관이 피의자나 참고인에게 질문할 때는 이미 메일 등으로부터 사건 개요나 인간 관계가 분석된 후의 일도 많고, 구두질문은 사실 근거나 당사자를 신용할 수 있는지 여부를 판단하기 위해 던지는 경우도 많다.

여러분이 사건에 연루되었을 때 사소한 사항이라도 감추고 싶은 것이 있거나 그것에 부담을 느끼면 정신적 스트레스는 더 커진다. 나는 기업 스캔들의 대응 컨설팅 업무를 해왔지만, 사건 연루자는 대개 가족에게 충분한 설명을 할 수 없기 때문에 가족이 걱정하고 그 피드백에서 자신은 정신적으로 궁지에 몰리는 것이다.

기업 스캔들로 회사가 혼란에 빠졌을 때, 여러분이 리더로서 옳다고 생각하는 것을 지키고 실행해나가기 위해서는 조사를 받더라도 대장부처럼 평소부터 의연하게 '몸가짐을 단정히' 해두는 것이 필수적이다. 또한 정부 공직자는 통상 교우관계 등의 소위 '신체검사'를 받게 된다.

여러분이 특정 스캔들에 연루되었을 때에도, 주위에 '저 사람이라면 그럴 만하다.'라는 말을 듣는 것이 아니라 **'저 사람만큼은 절대로 그럴 리 없다.'**라는 평판을 받도록 평소 의식적으로 노력해두기 바란다. 이런 일들은 사건이 발생하면 후회해도 늦다. 사건이 일어났을 때 여러분을 도와주는 것은 평소 여러분에 대한 평판이다.

또한, 사건이 아니더라도 채용이나 투자에서 대상자의 평판을 확인하는 것은 매우 중요하다. 최근 모든 반사회적·반시장적 세력의 외부에서 그런 조직에게 이익을 제공하는 '공생자'와의 관계 유무를 확인하는 것이 필요해졌다. **평소 조회해두기 바란다.** 투자 조건에 대해서는 경영자 등을 인적정보 조회 업체를 활용하여 조사를 하는 경우도 있다. 회사 임원을 조사할 때에는 회사의 법인 등록을 인터넷으로 조사한다. 등기가 자연스럽지 않은 상호, 목적 변경이 있거나 본사 이전이 반복된 경우, 해당 회사는 반드시 주의해야 한다.

MEMO

05.

리더십을 이해한다

오늘날 리더에게 공평함과 윤리관은 중요한 요소이다. 대기업 스캔들이 발생했을 때 경영대학원에서도 기업윤리 수업이 강화되었다. 리더가 전문가의 윤리관으로서 '일부러 해를 끼치지 않는' 것이나 사적인 이해가 아닌 공적 이해에 따라 일하는 사람이어야 하는 것은 조직을 이끄는 리더에게는 필수불가결하다.

'리더십'을 이해하고 연륜을 쌓는다

정·재계를 불문하고 리더의 부재를 한탄하고, 기업에서는 간부 후보들이 리더십 연수를 받는 것이 당연시되고 있다. 또한 리더십 관련 서적도 무척 많다.

내 경험상 리더십 유무나 그 필요성을 강렬히 느끼는 순간은 평소가 아니라 **회사나 조직이 존폐 위기를 맞을 때**이다. 나는 기업회생에 관한 일을 하고 있는데, **절체절명의 현장에서는 평론가가 전혀 도움이 되지 않는다.** 평소에는 조직도 여유가 있어 차분하고 논리적으로 정책 결정을 한다. 하지만 아무 결정도 하지 않는 평론가가 있다. 비상사태에서는 그렇게 해서는 안 된다.

리더는 당연히 넓은 시야와 장기 비전을 갖추고 있어야 한다. 하지만 무엇보다 중요한 사항은 다음과 같다.

'본질적인 국면에서 흔들리지 않는다.'
'책임자로서 매사를 결정한다.'

주위를 둘러보면, **'흔들리지 않고 결정을 내릴 수 있는 사람'**이 있는가?

주의해야 하는 점이지만, 이곳 저곳의 주위사람들에게 신경을 쓰고 관심을 가져 적을 만들지 않고 자신의 조직에서 출세하는 것과 리더십은 양립하지 않는 부분이 있다. 기업에서 적을 만들지 않음으로써 최고위직에 오른 사람이 있을 때에, 그 사람이 큰 경영환경 변화에 직면한다면 주위에만 신경을 쓴 나머지 아무 결정도 내리지 못해 대참사에 이르게 되는 경우도 있다.

인생에서도 정말 중요한 의사결정을 강요당하는 경우가 몇 차례 있을 것이다. 본질적인 사명을 수행하기 위해 냉철한 현실주의로 흔들리지 않고 결정을 내려야 한다.

리더는 흔들리지 않아야 하는데, 이것은 단지 완고하다는 의미가 아니다. 뛰어난 리더는 본질적으로 항상 흔들리지 않는 마음으로 탁월한 소통을 할 수 있는 인간이다.

리더의 소통 능력이란?

리더의 소통 능력이란 **'자신과 타인에게 행동에 긍정적인(positive)인 의미 부여를 할 수 있다.'**거나, **'자신과 타인에게 미래를 지향하며 현재보다 나은 상황을 이미지화한다.'**는 것이다. 리더가 주위사람들에게 목표를 달성하도록 만들기 위한 동기부여의 방법으로는 내재적인 것과 외재적인 것 두 가지가 있다. 내재적 동기부여는 자신의 지적 호기심이나 탐구심에 의해 생긴 것이고, 외재적 동기부여는 금전적 보수처럼 보상에 따라 생긴 것이다.

현장에서 리더는 '이 프로젝트가 회사나 사회에 얼마나 의미가 있을지' 끊임없이 질문함으로써 내재적 동기부여를 키우고, 프로젝트에 의해 지적 호기심이나 도전 욕구를 채울 수 있는 환경을 만들어야 한다. 금전적 보수로 인재를 붙잡으면 **돈으로 채용한 사람은 돈으로 잃는** 사태가 발생한다. 실제로 리더의 대부분 업무는 내재적 동기를 북돋우고, 분위기를 조정하며, 자리를 만드는 것이다.

내 경험상 뛰어난 소통을 할 수 있는 리더는, 겉으로는 허세처럼 보이지만 분명히 누구에게나 공평하게 대하는 사람이다.

오늘날 리더에게 **공평함과 윤리관은 중요한 요소다.** 대기업 스캔들이 발생했을 때마다 경영대학원에서도 기업윤리 수업이 강화되었다. 리더가 전문가의 윤리관으로서 '일부러 해를 끼치지 않는' 것이나, 사적 이해가 아닌 공적 이해에 따라 일하는 사람이어야 하는 것은 조직을 이끄는 리더에게는 필요불가결하다. 내 경험상 기업 스캔들의 대부분은 초동조치를 은폐하여 일어난다. 이런 **불상사의 싹이 자라기 전에 미리 제거하는 것이 리더의 자질**이다.

또한 조직의 인간관계에서 '질투'는 리더의 적이다. 질투는 보통 우리가 가진 감정인데, 감정의 힘을 외부의 경쟁자에게 돌려 조직에서 성공한 사람들을 칭찬할 수 있다면 질투와 같은 쓸데없는 감정에 시간을 쓰지 않고 문제를 해결할 수 있다. 또한 겸허함은 분명히 미덕이지만, 리더를 지향하는 사람은 자신의 생각을 분명히 '잘라 말하는' 습관을 갖기 바란다.

흔들림 없는 결정은 리더십의 중요한 본질이다. 2011년 구글(Google)이 발표한 다음 사항이 오늘날 비즈니스에 잘 맞는다고 생각한다.

구글이 정한 '매우 효과적인 매니저의 8가지 습관'

(8Habits Of Highly Effective Google Managers)

1. 뛰어난 코치가 되어라.
2. 팀에 위임하고 세세한 관리를 하지 말라.
3. 직원의 성공과 행복을 위해 생각하고 있는 것을 표현하라.
4. 생산적이고 결과지향적이 되어라.

5. 뛰어난 소통을 하고 팀의 이야기를 들어라.

6. 직원의 경력 개발을 지원하라.

7. 팀을 위한 분명한 비전과 전략을 가져라.

8. 핵심기술로 팀을 도와라.

어떤가? 간단하고 당연해보이지만 리더는 일상적으로 이런 사항들을 실천해야 한다. 구글이 정한 매니저의 습관과 다르지만, 내가 근무하는 IGPI에서는 전문가로서 리더가 되기 위해 도야마 카즈히코(富山和彦) CEO가 만든 다음의 질문에 항상 답할 것을 요구하고 있다.

IGPI의 8가지 질문

1. 마음은 자유로운가?

2. 회피하고 있지 않은가?

3. 당사자·최고책임자의 머리와 마음으로 생각하고 행동하고 있는가?

4. 현실의 성과를 고집하고 있는가?

5. 본질적인 사명은 무엇인가? 사명에 충실한가?

6. 가족, 친구, 사회에 대해 자랑으로 여길 만한가?

7. 동료, 고객, 주주에 대해 공정한가?

8. 다양성과 이질성에 대해 관용적인가?

자신이 맡은 업무 내용과 관련해 위의 8가지 질문에 답할 수 있었는가? 자신의 일에 대해 세상 누구보다 깊이 생각하고 그렇게 실천하는 것이 힘이 된다.

리더론에 대해 '**리더는 되고 싶다고 되는 것이 아니고, 마음이 닿아야 한다.**'라고 말하는 사람도 있다. 하지만 인간에게는 '시기(時期)의 꽃'이 있고, 현실에는 나이에 따라 어울리는 리더십 형이 있다.

여기서 언급한 내용을 아는 것과 모르는 것은, 연륜이 쌓였을 때에는 보이는 세계가 다를 것이라고 나는 믿고 있다.

Part 2

실천 편

01.
기업이나 업계를
넓은 관점에서 파악한다

우선 비즈니스의 기본인 PDCA 과정(Plan: 계획, Do: 실행,
Check: 평가, Action: 개선)에 대해 생각해본다. PDCA에서
'계획'이야말로 전략가의 역량이 드러나는 부분이다. 먼저 전략
가의 기초를 이루는 분석을 살펴본다.

전략적인 분석을 한다

전략은 중·장기적인 목적을 달성하기 위한 시나리오다. 각 상황에 대응하는 방법인 전술과는 다르다. 전략적인 사고 방법에 대해서는 경영대학원이나 비즈니스 관련 서적에서도 다양한 방법론을 주장하고 있지만, 어느 것에서도 기본 개념은 바뀌지 않는다.

인간에게는 경험에 기반을 둔 직관적 사고와 논리에 의한 분석적 사고 두 가지가 있다. 이 두 가지를 동시에 수행하는 것은 어렵다. 또한, 두 가지 사고 방법의 균형을 잘 갖춘 존재가 인간이므로 어느 한쪽에 우열이 있지 않다. 여기에서는 분석적 사고에 대해 생각해본다.

먼저 비즈니스의 기본인 PDCA 과정(Plan: 계획, Do: 실행, Check: 평가, Action: 개선)을 생각해본다. **PDCA에서 '계획'이야말로 전략가의 역량이 드러나는 부분이다.** 먼저 전략가의 기초를 이루는 분석을 살펴본다.

분석은 다음 네 가지 과정으로 구성된다. 이 과정은 순서에 따라 한 방향으로 이루어지기보다 앞으로 진행되다가 다시 되돌아오는 과정을 피드백해가면서 분석의 정밀도를 높여간다.

1. 가설 구축을 위한 개략적인 정보 수집
2. 가설 구축
3. 정보 수집
4. 구조화
5. 검증

논리적 사고에 대한 방법론이 많지만, 그 과정은 변하지 않는다. 언제라도 사용할 수 있기 때문에 암기하는 것이 좋다.

가설을 구축하기 전에는 어느 정도 데이터를 빨리 수집해야 한다. 아마 추어와 전략가는 데이터를 수집하는 단계에서 차이를 보인다. 예를 들면, **'이 회사에 대해 가볍게 조사해두라'**는 의뢰를 받은 초기 기업 분석에는 정형적인 조사 방법이 있다.

매일 이런 기업 분석을 하는 컨설턴트나 애널리스트와 처음 분석하는 사람의 차이는 **'무엇을 조사해야 할지' 알고 있는지 여부와 습관이다.** 장소의 급소와 작은 가설로 정보 수집에 맞출지의 여부가 핵심이다. 익숙한 사람은 처음에는 하나의 자료에 깊이 들어가지 않고 거시적 관점에서 대략적으로 살펴본다.

정보 수집에서는 다음 사항에 주의한다.

정보 수집에서 주의할 점

❶ 1차 정보를 입수하려는 노력을 게을리하지 않는다.

❷ 2차 정보는 작성자의 의도가 들어가므로 정보의 조사 전제를 확인한다.

❸ 개요를 잡기 위한 정보 수집에는 지나치게 많은 시간을 들이지 말고 스스로 제한 시간을 정해둔다.

❹ 기업 재무 데이터나 경제지표는 동향 파악을 위해 시간대별로 수집한다.(사업에 따라 고유의 사업 주기(cycle)가 존재한다. 철강업체와 패션·의류 분야는 사업 주기가 다르다.)

업계 분석에는 다음과 같은 자료를 활용한다.

업계 분석에 활용하는 자료

❶ 업계 연구서·업계 신문 등

❷ 업계를 관할하는 정부기관 사이트(통계 데이터 등)

❸ 업계 단체의 사이트(통계 데이터 등)

❹ 애널리스트 보고서

❺ 업계를 묘사한 논픽션이나 소설

❻ 업계 관계자나 전문가 인터뷰

자료는 쪽지를 붙이거나 노트에 정리하면서 읽는다. 업계 단체에 전화를 걸면 알고 싶은 사항을 들을 수 있다. 논픽션이나 소설을 읽으면 과장된 것은 있을지 모르지만 업계 분위기를 알 수 있다.

조사나 분석 담당 컨설턴트나 애널리스트는 다음과 같은 유료 정보원을 활용하고 있다. 이런 정보에 접근할 수 없더라도 인터넷과 관련 책자에서 상당 부분 조사할 수 있다.

전문가가 사용하는 일반적인 기업조사 도구의 예

❶ 블룸버그 단말기

❷ 톰슨 원(THOMSON ONE)

❸ S&P캐피털 IQ(Capital IQ)

또한 경기동향 분석을 위한 경제지표는 통계청에 알기 쉽게 정리되어 있다. **경제지표를 보면 경기동향이 자신의 감각과 맞는지 여부를 알 수 있다.** 또한, 경제지표에는 경기변동에 앞서 드러나는 선행지표, 경기동향과 일치하는 일치지표, 경기동향에 늦게 반응하는 지행지수(遲行指數)가 있는 데에 주의하기 바란다. 경제예측이라는 의미에서 선행지표를 보는 것으로 예를 들면, 기업 설비 투자 지표에서도 기계 수주통계 조사보고 (일본 내각부)는 선행지표, 광공업지수(일본 경제통상성)의 가동률지수(稼動率指數)는 일치지수가 된다.

조금 변화된 지표로 VIX가 있다. 이 지표는 '공포지수(恐怖指數)'로도 불리는 것으로 S&P500을 대상으로 한 옵션 거래치의 움직임을 바탕으로 시카고 옵션거래소가 만든 변동성지수(VIX: Volatility Index: 시카고 옵션거래소에 상장된 S&P500 지수 옵션의 향후 30일 간의 변동성에 대한 시장의 기대를 나타내는 지수로 증시지수와 반대로 움직이는 특징이 있다 - 옮긴이)이다. 이것은 **투자자가 시장의 선행 상황에 대해 불안감이 있으면 수치가 상승한다.** 과거 최고치는 2008년 리먼 쇼크가 일어난 때였다.

예를 들어, 국내 기업 X사를 조사한다고 하자.

정보 수집은 큰 틀에서 시작한다. 국내 상황에 대한 감각은 어느 정도 있을 것이므로 이 단계에서는 깊이 파고들지 않는다. 이런 접근 방식은 주요 시장(Major Market, 즉 자국시장)을 조사할 때 이점이 있다.

만약 이것이 해외 기업이라면 조사 대상 기업이 사업을 펼치는 국가의 고유 논점에 대해서도 사전에 검토할 필요가 있다. 예를 들어, 대상 국가가 정치 불안에 빠져 있거나 국가위험도가 상승하고 있다면 애초에 투자가 이루어지지 않을 수도 있다.

국가 고유의 논점은 **PEST** (Politics: 정치, Economy: 경제, Society: 사회, Technology: 기술)분석을 사용하면 논점을 설정하기가 쉽다. 종교적 배경은 '사회'로 하고, GDP 등의 경제지표는 '경제'로 넣는다. 해외 정보의 대략적인 사항들은 외교부 사이트나 뉴스 검색으로 조사한다.

국가위험도나 국제 정세를 조사한다

❶ The Economist

❷ FOREIGN AFFAIRS REPORT

❸ Foreign Policy

❹ The Military Balance - ISIS(국제전략연구소) 출판

맨 먼저 X사에 대해 정의한다. X사가 어떤 사업을 하며, 업계에서 어느 정도 위치에 있고, 타사와는 어떤 차이가 있는지 등의 내용이다.

여러분은 여러 가지 분석 프레임워크를 들어본 적이 있을 것이다. 기본은 **3C**(Company, Customer, Competitor)이다. 3C 중 Company(자회사)는 Capability(자회사의 힘)라고 할 수도 있다.

기업 분석에서 갈피를 못 잡고 헤맨다면 항상 3C를 생각한다. 즉, 자사의 힘은 무엇인가? 고객은 누구인가? 경쟁업체는 누구인가? 이런 것들을 생각한다.

특히 고객은 중요하다. 기업 경영은 고객 창조나 고객 분석이 기본이기 때문이다. **기업 경영에서 변화가 일어날 때는 고객에게 변화가 일어나는 경우가 많다.** 그런 경우, 대상 고객을 바꾸든지 고객 성격을 바꾸게 된다. 3C

와 같은 분석 프레임워크는 질문 설정에 도움을 준다.

정보가 충분히 수집되었다면 설정한 질문에 답할 수 있다. 그리고 가설 구축이란 스스로 질문 설정을 해나가는 것이다. **질문, 다시 말해 과제 설정 능력은 분석 능력의 큰 부분을 차지한다.**

예를 들면, X사가 속한 업계 전체의 성장이 크게 둔화되고 있다면, '고객에게 변화가 있는 것일까?', '업계에 뭔가 규제가 생긴 것일까?'라는 가설을 생각할 수 있다.

가설 검증은 **'A가 B에 있으면 C인데, 정말 A는 B인가?'**를 사실에 기초하여 그 진위를 확인하는 작업이다.

분석에서 피해야 할 것은 무엇에 답변해야 하는지 모르는 상태다. 이것을 위해서는 **정보 수집 단계부터 많은 가설을 구축하는 것이 필요하다.** 이것은 머리가 좋은 것보다 평소 습관을 들이거나 익숙해진 부분이 많다. 눈앞의 현상을 당연하게 판단하여 그냥 넘어가지 않고, 'A는 정말로 B인가?'라고 생각하는 비판적 사고를 습관화하는 것이다.

기업 회계의
핵심을 파악한다
———

회계 분석의 3C에서 경합(competitor)이 나왔는데, 분석의 기본은 경합처럼 '뭔가와 비교하는 것'이라고 할 수 있다. 비즈니스는 다음과 같이 매우 간단한 수식으로 나타낼 수 있다.

매출 - 비용 = 이익

**어떤 비즈니스든 이익을 올리기 위해서는 매출을 늘리거나 비용을 줄여야
한다.** 이것은 편의점이든 항공사든 마찬가지다. 당연한 것이지만 어떤 기업이
라도 이 축으로 비교할 수 있다. 회계는 모든 회사의 공통의 언어다. 이익을 위
해 비용을 얼마나 내리면 좋을까? 이런 질문은 다음과 같이 나타낼 수 있다.

비용 = 매출 - 이익

그리고 어느 기업이라도 손익분기점은 다음과 같다.

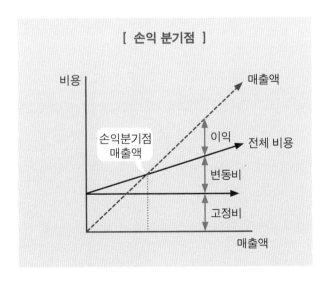

[손익 분기점]

[손익계산서 (P/L)]

	A	B	C	D	E
1					
2	손익계산서(예)				
3					
4	(단위: 1천 엔)		수식		
5	매출액	1,000		제품, 서비스 판매액 합계	
6	매출원가	200		매입원가나 제조원가	
7	매출총이익	800	= B5-B6	= 총이익	
8	판매비 및 일반관리	300		업무관리비	
9	영업이익	500	= B7-B8	본업의 이익	
10	영업외 수익	0		수취이자 등	
11	영업외 비용	100		지불이자 등	
12	경상이익	400	= B9+B10-B11	일상 경영활동 이익	
13	특별이익	0		임시 이익	
14	특별손실	0		임시 손실	
15	세금 차감 전 당기순이익	400	= B12+B13-B14	세금 계상 전 이익	
16	법인세 등	152		이익에 따른 과세액	
17	당기순이익	248	= B15-B16	세금 계상 후 이익, B/S 이익잉여금에 연계	
18					
19	*법인세율은 38%로 가정				
20					

매출, 비용, 이익은 재무제표에서는 P/L로 파악할 수 있다. **이 P/L에서 상상력을 발휘하여 어떤 사업을 할지 밑그림을 그려보는 것이 중요하다.** 그 다음 타사와 비교하기 바란다.

회계라는 공통 축을 사용하면 다양한 비교를 할 수 있다. 여러분도 재무 분석에서 사용하는 매출성장률이나 매출이익률 지표를 알고 있을 것이다. 이런 지표는 동종 업종의 타사와 비교하는 것에 의미가 있다. 대상 기업 X사만 보면 그 이익률이 높을지 낮을지 알 수 없다. 하지만 Y사와 비교하고 그 차이가 나는 이유를 밝혀나가는 것이 분석이다. 이 분석에서 편리한 축이 회계다.

[재무상태표 (B/S)의 개념]

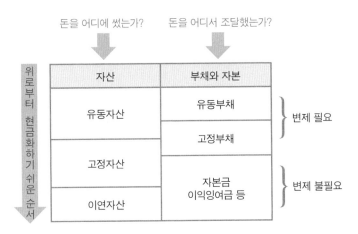

분석의 기본은 차이 분석이며, P/L과 B/S도 같은 범주의 것과 비교함으로써 분석 대상의 특성을 분명히 나타낼 수 있다. 업계 선두 기업의 각종 지표를 최선의 사례로 삼아 최고기업을 벤치마킹하여, 그 수치상 차이가 무엇에 의해 생겼는지 분석하는 것이 기업 분석의 기초다.

재무지표는 여러 가지가 있지만 다음의 지표는 기억해두기 바란다.

투하자본에서 사업수익성은 ROIC로 본다.

기업의 돈 버는 힘을 알 수 있는 지표

자기자본이익률(ROE)=당기순이익 / 자기자본

ROE를 분해하면 다음과 같이 된다.

ROE=

(당기이익 / 매출액) × (매출액 / 총자산) × (총자산 / 자기자본)

사실 (당기이익 / 매출액) × (매출액 / 총자산)은 ROA(총자산이익률)이기 때문에 ROE=ROA × (총자산 / 자기자본)이라고 할 수 있다.

ROIC=NOPAT (= 영업이익 × (1-실효세율)) / (주주자본 + 고정부채)

자기자본이익률 즉, ROE를 구성하는 총자산 / 자기자본이란 재무 레버리지(타인자본의 이용이 자기자본이익률을 높이는 것 - 옮긴이)이고 자기자본비율의 역수(逆數)로, 간단히 말해 부채이다. 즉, 빚을 쓰면 재무 레버리지는 올라간다. 이 식으로부터 이익률을 높여가면서 부채로 능숙하게 자금조달을 하면 ROE가 상승하게 된다. 과거 20년 동안 일본 기업의 평균 ROE는 약 5%였고, 미국 기업은 12% 정도였는데, 10%가 넘으면 우량 기업이라고 할 수 있다.

매출액 영업이익률 = (영업이익) / (매출액) × 100 (%)

본업에서 돈을 벌어들이는 힘이고, 타사와의 비교하는 데 활용하기 쉬운 지표다.

매출액 성장률

사업 성장을 알 수 있다. 사업 계획을 작성할 때 중요한 경년(經年)지표이다.

기업의 '여유'를 간파한다

———

수익성이 악화된 기업의 재무안정성을 볼 때에는 실무적으로 자금 사정을 상세히 검토해야 하지만, 다음 지표에서도 단기적인 안정성을 알 수가 있다.

유동비율= 유동자산 / 유동부채

유동부채는 1년 이내가 지불기한으로 기업의 단기 지불 능력을 알 수 있다. 기준으로 100% 초과가 필요하다고 간주된다.

수중 유동성 비율= (현금 예금 + 단기 유가증권) / 매월 상거래 총액(= 매출액 / 개월 수)

기업의 자금 사정을 알 수 있다. 기준으로 1.5개월 이상은 필요한 것으로 간주된다.

각 지표의 벤치마킹은 자사와 같은 업종의 타사에 대한 분석만이 아닌, 자사가 다루고 있지 않은 신규사업 개발에서도 자사의 역량(Capability)을 고려하여, 신규사업을 ① 매수할지, ② 빌릴지(JV, 제휴 등), ③ 자사에서 만들지 핵심을 잡을지를 검토할 때에 사용할 수 있다.

분석에서 비교할 때는 **동일 범주인 것이 필요**하다. 그래서 사과는 사과와 비교해야 한다. 사과와 귤을 비교하지 않는다. 동일 범주의 '정의(定義)'가 의미를 갖는 것이다. 다른 고객시장을 목표로 삼은 기업과 비교해버리는 실수를 피하기 바란다.

같은 시장을 목표로 한 같은 범주의 기업이라면, X사와 Y사의 이익률을 비교하여 거기에 차이가 있으면 두 회사의 비용을 세분화(break-down)하고, 같은 시장을 목표로 어디에 차이가 있는지 깊이 파고들어 연구할 수 있다.

이때의 세분화는 '회계'를 사용한다. 회계는 규칙이 결정되어 있고, 계정과목의 세분화를 통해 '누락과 중복 없이' 될 수 있기 때문이다.

매출총이익 - 비용(판매비 및 일반관리비) = 영업이익

판매비 및 일반관리비는 광고선전비, 판매수수료, 통신비, 교제비, 인건비, 대차료, 광열비, 보험료 등으로 구성된다.

X사가 경합과 비교해, **동일한 매출액으로 영업이익률에서 차이가 있다면 비용(판매비 및 일반관리비)에서 잘못된 것이다.** 그것을 깊이 파고들어 연구하는 것이 분석이다.

전략 분야의 컨설팅 업체는 거의 P/L 중심으로 전략을 짠다. 특히 영업이익 외에는 생각하지 않으며 그 아래의 특별손익은 취급하지 않는다. 한편 은행이나 투자은행은 P/L 영업이익 밑으로도 취급하고 B/S도 중시한다. 전략 분야의 컨설턴트는 회계 분개(分介: 부기에서, 거래 내용을 차변과 대변으로 나

누어 적는 일 - 옮긴이)나 계정 과목 지식이 결여된 것이 많지만 현장에서는 부기나 분개 지식이 필요하다. 사업 회사나 은행 관계자가 전략 분야 컨설팅 업체의 제언에 현실성이 없음을 느끼는 것은 회계나 금융 실무 지식이 부족한 데에 원인이 있다.

부기는 회계의 기본으로, 언론매체 보도를 보면 기자나 정치인조차 이런 기본 지식 없이 논의하는 경우가 있다. 예를 들면, '내부 유보를 자백하라'라거나 '준비금을 헐어라'라는 주장도 회계의 기본을 알고 있다면 곧바로 외부에 내놓을 현금(이익잉여금)이 없다는 점을 이해할 수 있을 것이다.

주식시장은 참가자의 견해로 결정한다

————

증권사 애널리스트 보고서 등에서는 기업을 업계별로 구분하고 기업에 따라 동종 업계에 들어가는 데에 위화감을 갖는 경우도 있다. 사과와 사과를 비교할 수 없는 예이다. 실제로 기업 경영상의 전략을 입안할 때에는 세밀히 생각해야 하지만, 주식시장 업계에 대해서는 주식을 매매하는 시장 참가자의 견해로 업계의 정의를 결정한다고 생각하는 명쾌함이 필요하다.

'시장 여론(Market Consensus)'이라는 용어가 있다. 이 용어는 시장 참가자 다수의 평균적 예상이라는 의미다. 이것도 현상에 대한 진위와 상관없이 시장의 견해를 중시한다. 경제지표나 주가에 대해서도 시장 여론에서 예상보다 높았는지 낮았는지에 따라 시장이 움직인다. 즉, 미인선발대회의 투표 결과를 예측할 수 있는지 여부가 시장에서 의미를 갖는다. 단, 인터넷 상에서 볼 수 있는 경제전문가의 시장 여론으로 'ESP 예측 조사'가 있다.

기업 분석에서 주의할 점이 있다. 대기업들은 단일사업보다는 보통 여러 사업을 하고 있다. 이것을 위해 예를 들면, 'A 사업에서는 Y사와 비교해야 하지만, B 사업에서는 Z사와 비교해야 하는' 경우도 있다. 물론 사업마다 업계 매출 순위도 변한다. 그 경우, 더 가까운 것과 비교한다. 이것은 기업가치 평가에 의해서도 논점이 되고 기업을 분석해 유사사업끼리 비교하는 기법을 가치합산 모형 분석(Sum of the Parts Analysis)이라고 말한다.

분석의 기본은 **'정의를 내리고 측정하라'**이고, 관리(Management)를 간단히 말하면 **'정의를 내리고 측정하고 개선하라'**는 것이다. 비록 인사제도라고 하더라도 정의하지 않은 것은 측정할 수 없기 때문에 '○○기술을 상승시켜라' 라고 말한다면, ○○의 정의가 필요해진다.

이 '측정'에서는 다음의 방법이 편리하다.

① 수치를 백분율(%)로 한다.
② 지수화한다(특정 수치에 대해 기준치를 정하고 그 차이를 보인다).
③ 상관관계를 나타낸다.

상관관계와 인과관계를 구별한다

두 가지 데이터의 상관관계를 볼 때는 회귀분석을 사용한다. 두 곳 이

상의 장소는 중회귀분석이 된다. 회귀분석에서는 예측하고 싶은 변수를 종속변수라고 부르고, 목적변수를 설명하는 것을 독립변수라고 부른다. 회귀분석은 설명변수를 입력하면 목적변수가 산출되는 수식을 구하는 것이며, 'Y=aX+b' 식으로 나타낸다.

회귀분석은 축년수(築年數)와 부동산가격이라는 데이터의 상관을 구할 수 있는데, 실무적으로는 두 가지 데이터를 엑셀로 코렐(CORREL) 관수에 입력하는 것으로 상관계수를 산출할 수 있다.

마찬가지로, 엑셀로 데이터로부터 그래프의 산포도를 선택하고 생성된 산포도의 점을 우측 클릭해 '근사곡선의 추가' → '선형 근사'를 선택하고, '그래프에 수식을 표시한다'와 '그래프에 R-2 수치를 표시한다'에 의해 수식과 근사곡선을 산출·표시할 수 있다.

상관관계를 사용할 때는 상관관계와 인과관계의 차이에 주의한다. 상관관계가 있더라도 반드시 인과관계가 있다고 할 수는 없다. 상관관계는 두 개의 변수에 관계가 있음을 나타내지만, 반드시 원인과 결과에 관계가 있다는 것은 아니다. 상관관계를 전제로 거기에 인과관계가 있는지 검토해야 하는 것이다.

02.

전략 제언을 알기 쉽게
프레젠테이션한다

하나의 기업이 여러 사업을 경영하는 경우가 많다. 보스턴 컨설팅그룹이 발의한 프로덕트·포트폴리오·매트릭스(PPM)는 사업 포트폴리오를 정리할 때 편리한 프레임워크의 하나다. PPM은 시간에 의한 사업 위치의 변화를 표시하는 데에 더 유용하다. 따로 기억해두면 좋은 프레임워크로는 코트라(KOTRA)의 마케팅 프로세스인 RSTPMMIC가 있다.

데이터를 정리하고 가공한다

앞에서 서술한 바와 같이 수집한 데이터를 가공하면 이해하기 쉽도록 정리할 수 있다. 재무 분석에는 백분율을 자주 사용한다. 이렇게 정리한 데이터는 파워포인트 슬라이드에 메시지를 붙여 차트로 만들 수 있다. 정보를 수집했다면 축을 설정하고 데이터는 엑셀로 가공해 파워포인트에 차트로 가공하는 과정을 밟는다. 슬라이드에는 차트에서 '무엇을 말할 수 있는가?'라는 메시지를 적는다.

[슬라이드의 템플릿(Template) 예]

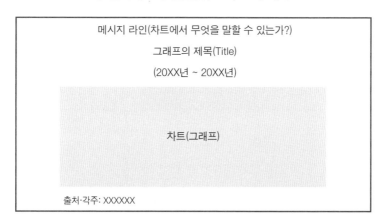

가공한 슬라이드는 다음 사항을 확인한다.

① 데이터에 있던 차트가 사용되었는가?

② 하나의 메시지가 데이터를 논리적으로 설명하고 있는가?

③ 데이터의 시간축(년(年), 기(期) 등)과 메시지의 시간축이 맞는가?

④ 데이터의 출처, 추계(推計)의 전제가 기재되었는가?

[데이터와 적절한 차트의 예]

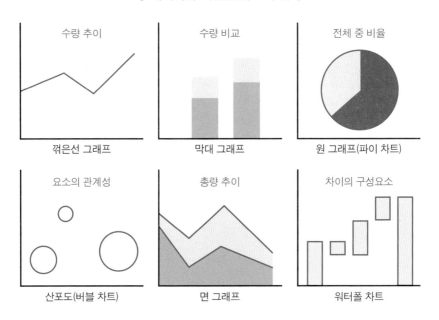

①의 차트(그래프)는 위의 대응표와 같이 적절한 것을 선택한다.

가설 구축과 정보 수집이 됐다면 구조화(모델화)에 대해 생각해본다. 구조화에는 정량적 표현과 특정한 표현이 있다.

처음에는 정량적 표현으로 가능하면 구조화를 진행한다면 마지막은 수식으로 한다. 수식이 가장 논리적인 표현이기 때문이다. 이것은 경제학에서

각종 논리가 수식으로 표현된 것과 같다. 경영학의 각 논점도 미시경제학에서 수식으로 표현된다. 한편, 수식으로 표현할 수 없는 것은 논리적으로 뭔가 모호한 요소가 남은 채로 있다고도 생각할 수 있다.

논리적 사고의 중요성을 지속적으로 강력히 주장하지만, 사고방식의 기초를 이루는 논리학에서는 사회 상식이나 경험 법칙으로부터 이끌어낸 요소를 '추측'이라고 부르고, 논리로부터 이끌어낸 것을 '추론'으로 구별하고 있다. 비즈니스에서 논리는 이 점을 혼동하는 경우가 많다.

앞에서 서술한 바와 같이, 여러분도 알고 있는 가장 단순한 모형은 '매출-비용=이익'이다. 모형은 수식으로 만들 수 있는데, 다음과 같이 수치를 넣을 수 있다.

매출(10) - 비용(7) = 이익(3)

만약 업계 평균 이익이 40%라면 이익을 4로 한다고 생각하고, 비용을 7로부터 6으로 내리기 위해 무엇을 해야 하는지 그 시행 방법을 연구하는 것이 요구된다. 이것은 단순화시킨 예이지만 제품별 손익계산서(P/L)로 해도 프로젝트별 채산(採算)은 동일하다. 경쟁 벤치마크(성과를 재는 기준 - 옮긴이) 이전에 사내의 상대적 불채산사업이나 제품을 찾아내야 한다. 상당한 대기업에서도 이것을 수행하고, 사업이나 제품 교체를 기민하게 시행하는 회사는 드물다.

모형 수치를 움직임으로써 가설을 검증할 수 있다. 모형 식으로는 독립변수와 종속변수가 들어간다. 원인이 되는 요인이 독립변수이며 그 결과가 종속변수가 된다. 예를 들면, 주변 인구(독립변수)와 백화점 매출(종속변수)과 같은 관계다. 주변 인구가 증가하면 백화점 매출이 증가하는 관계이다. 또한 실제 비즈니스 현장에서는 제약 조건이 있기 때문에 특정 수치가 소여(所與), 즉 주어진 것이고 변수인지 여부를 파악하는 것이 필요하다.

컨설팅 업체의 채용 면접에서 자주 사용되는 페르미 추정(Fermi Estimate: 특정 문제에 대해 기초적인 지식과 논리적 추론만으로 짧은 시간 안에 대략적인 근사치를 추정하는 방법. 이탈리아의 물리학자 엔리코 페르미의 이름에서 따온 용어로 게스티메이션(Guesstimation)이라고도 부르며 기업 채용 면접에도 종종 등장한다 - 옮긴이)도 모형화의 하나로 생각할 수 있다. 페르미 추정은 **'한국에는 전봇대가 몇 개 있나?'**와 같은 문제를 몇 분 동안 가정을 기초로 추정하는 데에 활용된다.

한눈에 볼 수 있는 재무 모형을 만든다

재무 모형이란 전제 조건의 입력에 따라 손익계산서(P/L), 재무상태표(B/S), 현금흐름표(Cash Flow: 비용과 편익의 발생을 시기별로 추적한 것 - 옮긴이) 계산서의 재무 3표를 연동시켜 엑셀에서 자동적으로 계산한 것이다. 재무 모형은 사업 계획 시뮬레이션이나 기업가치 평가에 사용하는 관리회계 도구의 하나다. 관리회계는 경영을 위해 기업내부용으로 만든 것이다. 재무회계는 회계 기준에 따라 주주나 채권자의 공개를 위해 작성한 것이다.

실제 재무 모형은 전제가 되는 판매 계획이나 인원 계획이 엑셀로 각 입력용 시트로 있고, 수치를 입력하면 출력용 시트의 P/L, B/S, C/F 계획서가 자동으로 움직여 나간다. 예를 들면, 매출액은 고객 수×고객 단가이고, 고객 수는 기존 고객과 신규 고객으로 나뉜다. 이렇게 분해된 각 지표를 드라이버라고 부르는데, 전제인 드라이버 수치를 입력함으로써 재무 3표로 출력되도록 만든다.

재무 모형을 작성할 때는 다음 사항에 주의한다.

재무 모형 작성 시 주의점

❶ 각 시트에는 반드시 이름을 붙이고 계산 내용을 알 수 있도록 한다.

❷ 시트에 기재한 항목은 시간적, 논리적으로 왼쪽에서 오른쪽으로, 위에서 아래로 흐르도록 한다.

❸ 두 가지 색 이내로 사용한다.

❹ 가능하면 수식은 짧게 하고 매크로는 사용하지 않는다.

❺ 수식 중 수치를 절대로 전면에 내세우지 않는다.

❻ 반드시 단위를 기재한다.

(대개 천만 원, 만 원, 원, K=천, M=천 원, B=10억)

❼ 인쇄 범위의 배경색은 흰색으로 한다.

❽ 데이터나 자료 출처를 밝혀준다.

❾ 인쇄 설정을 실행해둔다.

매트릭스로 비교한다

다음은 정성적(定性的) 구조화에 대해 알아본다. 여기서 **'정성적'이란 수치로 나타나지 않는 정보**를 말한다. 파워포인트의 슬라이드를 사용한 자료에서도 말한 바 있지만, 정보의 구조화에서 적절한 축을 사용하는 것은 필수이다. 수치화가 될 수 없는 정성적 정보도 축을 이용한 것으로 정리된다. 정성적 구조화를 할 때 편리한 것은 2×2 매트릭스다.

[축으로 자른 2×2 매트릭스 정성적인 비교 슬라이드 예]

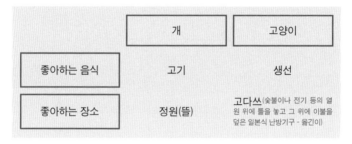

매트릭스를 통한 구조화는 익숙하기 때문에 현상에 대한 축을 우선 2×2 매트릭스(행렬)로 단순화해보는 것도 좋다. 실무적으로 너무 복잡한 정성적인 매트릭스는 메시지가 너무 많아지게 되어서 보는 사람에게 잘 전달되지 않는다. 이런 경우, 슬라이드의 메시지 라인에서 메시지를 확실하게 전하도록 한다.

구조화해 정리한다

[가치사슬(Value Chain) 모형]

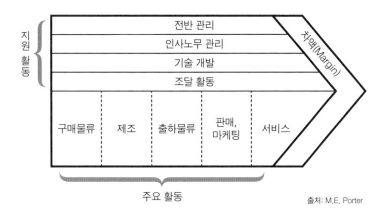

출처: M.E. Porter

사업 시각으로서 가치사슬(비즈니스 구조)로 구조화하면 잘 정리된다.

사회에서 특정 비즈니스의 '프레임워크'로 불리는 것은 구조화에 나타난 축의 사례로 생각할 수 있다.

프레임워크는 잘 사용하면 효과가 있지만 단점도 있다. 사람은 쇠망치를 들고 있으면 무엇이든 못으로 보려는 경향이 있기 때문에, 프레임워크에 집착하는 것은 피해야 한다.

사업 포트폴리오를 정리한다

[프로덕트·포트폴리오·매트릭스 PPM]

프로덕트·포트폴리오·매트릭스의 예

하나의 기업이 여러 사업을 경영하고 있는 경우가 많다. 보스턴 컨설팅 그룹이 발의한 프로덕트·포트폴리오·매트릭스(PPM)는 사업 포트폴리오를 정리할 때 편리한 프레임워크의 하나다. PPM은 시간에 의한 사업 위치 변화를 표시하는 데에 더 유용하다. 따로 기억해 두면 편리한 프레임워크로는 코트라(KOTRA)의 마케팅 프로세스인 RSTPMMIC가 있다.

① R=조사(Research)

가설을 갖고 시장조사를 한다. '이 시장에는 이런 문제가 있고, 이 문제를 해결하면 대가를 받아야 한다'는 가설이다.

② STP=세분화(Segmentation), 표적시장선정(Targeting), 위치화(Positioning)

잠재적 고객을 구역으로 자르고, 자사의 표적 우선순위를 붙여 그 표적에 대한 자사의 위치 선정을 분명히 해둔다.

③ MM= 마케팅 믹스(Marketing Mix) (4P)

표적고객에게 자사 제품을 판매(訴求:(광고나 판매에서) 상품을 선전하고 상대방에게 사고 싶은 마음을 일으키는 것 - 옮긴이)하기 위해, 4P 즉, 제품(Product), 가격(Price), 판매 채널(Place), 프로모션(Promotion)의 설계를 한다.

④ I=실행(Implementation)

⑤ C=관리(Control)

실행한 시책을 검증한다.

자세히 나열해 논점을 발견한다

분석에서는 논점을 발견하기 위해서 자세히 나열해나간다. 피라미드구조라도 불리는 계층 구조를 아래로 내려가는 이미지다.

구조화에서는 논점의 대소를 의식해 표시해나간다. 이것은 의사록을 취할 때와 똑같다. 서툰 의사록은 표제의 대소, 논점의 대소가 제각각 흩어져 제대로 모여 있지 않다. 의사록을 작성할 때에도 머릿속에 피라미드 구조를 이미지화하기 바란다.

[의사결정의 피라미드 구조]

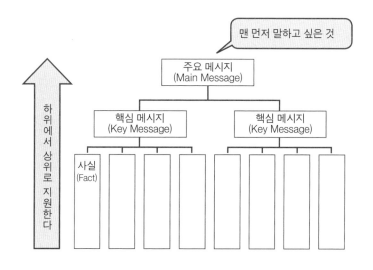

자료에도 구조가 있다

비즈니스 의사결정을 위해 뭔가 자료를 준비해야 한다. 자료의 바람직한 모습은 슬라이드가 전체적으로 피라미드 구조로 되어 있고, 하위 메시지가 상위의 슬라이드 메시지를 지원하는 형태이다. 병렬 구조인 슬라이드는 누락이 없고 겹침이 없는 상태(MECE: Mutually Exclusive Collectively Exhaustive)가 바람직하다. 하위에 있는 복수의 사실로부터 상위의 결론이 유도되고 있으므로, '귀납법'에 의한 논리 구성이라고 할 수 있다.

[귀납법]

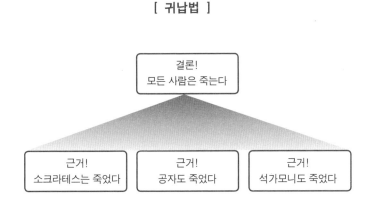

귀납법이 나왔기 때문에 논리 구성의 다른 방법인 '연역법'에 대해서도 언급한다. 연역법은 'A라면 B이다'를 축적해 결론을 이끌어내는 논리 구성이다. 연역적 추론의 예로 다음의 3단 구성이 있다.

대전제 모든 사람은 죽는다.

소전제 소크라테스는 사람이다.

결론   그러므로 소크라테스는 죽는다.

'A라면 B이다'에 대해 'B가 아니라면 A는 아니다'를 '대우'(對偶: 하나의 명제에서 결론을 부정한 것을 가설로 하고, 가설을 부정한 것을 결론으로 한 명제 - 옮긴이)

라고 부르고, 'A라면 B이다'가 타당하다면 대우도 타당한 것이다. 또한 'B라면 A다'를 '역'이라고 부르고, 'A가 아니라면 B가 아니다'를 '리(裏)'라고 한다.

또 논리적으로 추론해나가는 데에 맞추어 중요한 사고방식으로 '의논 영역(議論領域)'이 있다.

'공을 던지면 낙하한다.'

이것은 의논 영역이 지구상이라면 타당하지만, 우주공간이라면 타당하지 않게 된다. 극단적인 예이지만 의논 영역의 설정에 따라 논리의 진위가 바뀐다.

귀납적 피라미드 구조에서 하위 메시지가 상위 메시지를 지원하고 있을 때 하위 메시지는 실무적으로 **'어디까지 MECE여야 하는가?'**라고 의문이 생길 수도 있다. 매출의 브레이크다운과 같이 MECE가 수식으로 되는 것도 있다면, 정성적인 현상의 브레이크다운처럼 가능하면 누락 없이 중복 없는 상태로 논리를 짜는 의식이 있어야 하고, 그런 마음가짐을 갖는 정도의 것도 있다. 비즈니스에 대한 브레이크다운의 MECE 정도는 정해진 것도 많고 유형을 알고 있다는 요소가 강하다. 실무적으로 MECE는 의식으로서 '가능하면'으로, 신제품 개발과 같이 '날아간 아이디어'를 생각할 때에는 그 폭을 스스로 바꿔 나가게 된다.

피라미드 구조의 맨 위쪽에는 가장 말하고 싶은 메시지가 온다.

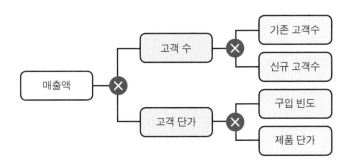

[비즈니스 논점의 브레이크다운 (예)]

자료에서는 첫 페이지에 오는 경영 종합보고(executive summary: 분석에서 가장 말하고 싶은 것) 부분이다. 만약 여러분이 전략가로서 뭔가를 제안할 때, 자료가 수백 페이지이더라도 제언을 받는 사람은 경영 종합보고를 보면 해야 할 일을 알 수 있도록 만드는 것이 이상적이며 바람직하다.

전략가다운 표현을 마음에 새긴다

전략가로서 의사결정을 위한 분석을 할 때의 표현 방법은 다음 사항을 주의하기 바란다.

전략가의 표현 방법

❶ 결론부터 기술하라.

❷ 'A 플랜과 B 플랜이 있지만, 나는 A플랜이 좋겠어. 왜냐하면 C이므로' 라고 반드시 자신의 입장을 분명히 말한다.

❸ Pros(장점), Cons(단점)로 정리한다.

❹ 액션 플랜은 실행가능성×영향력으로 정리한다.

❺ 논점은 숫자붙임(Numbering), 그룹별 분류(Grouping), 그룹에 명칭붙임(Labeling)을 한다.

공들여 정밀한 분석을 했더라도 ②와 같이 자신의 입장을 제언하고 실행하지 않으면 의미가 없으며, 그런 용기 없는 사람은 전략가가 될 수 없다.

지금까지의 사고방식을 정리하면 PDCA프로세스(Plan(계획), Do(실행), Check(평가), Action(개선))에서의 계획 단계에서는 다음과 같이 된다. '이렇게는 아닌가?'라는 가설을 만들어 나가면서 정보를 수집하고, 일어난 사건을 구조화하고 검증을 시행한다.

거기서 나온 분석 결과에 대해 실제 시행 계획을 실행가능성×영향력으로 정리한다. 흔히 시행 계획은 구체적으로 어디까지 하는가라는 질문이 있는데, **실무에서는 '실행에는 담당자가 이해할 수 있을 때까지'**라고 말할 수 있다. 그 때문에 계획의 복잡함, 담당자의 이해력 등을 감안할 필요가 있다. 좋은 계획을 만들더라도 담당자가 무능해 실행을 못했다는 것은 전략가의 태만이다.

이렇게 계획이 세워지면 DO(실행), Check(평가), Action(개선)을 하는 PDCA를 사이클로 돌려나간다.

'계획 따위는 필요없고 행동만 있을 뿐'이라는 경영자도 있지만, 방향을 잘못 설정하지 않기 위한 계획은 필요하다. 계획은 창조성을 저해하지 않는다.

한편, 관료화 되고 오류 없이 완벽을 중시하는 대기업에서는 흔한 일이지만, **최초의 계획을 고집하는 것도 피해야 한다.** 계획은 60% 정도로도 미래 예측이 맞다면 괜찮은 편이다. 평가와 개선을 되풀이하여 상황 변화에 따라 계획과 실행의 괴리가 어떤 요인에 의해 발생했는지 깊이 파고들어 따져나간다. 계획은 완성되지 않은 날 것이라는 감각이다.

형태만의 데이터를 대량으로 만드는 사람이 있는데, '카미시바이'(紙芝居: 길거리에서 아이들을 대상으로 하나의 이야기를 여러 장의 그림으로 구성해 한 장씩 보여주면서 극적으로 설명하는 공연 프로그램 - 옮긴이)를 많이 만들었다는 면에서 종이 낭비다. 본질적으로는 행동하는 의사결정자에게는 여러 장보다 한 장만 행동으로 옮기게 한다면 좋겠다. 본질적인 가치를 추구하기 바란다.

여기까지는 여러분이 앞으로 계속 사용하는 사고법이나 분석 방법에 대해 알아보았다. 사회에서는 이름만 다른 같은 모양의 기법이 있지만 기본은 변하지 않는다. 제대로 틀을 터득한 다음, 창조적으로 틀을 깨는 파격을 갖추기 바란다.

마지막으로, 내가 IGPI의 신입사원들에게 말하는 분석과 실행의 기본은 다음과 같다.

1. 가설을 갖고 정의해 측정하고 비교하라.
2. 이슈(논점)를 열거해 원인을 깊게 파고들어 연구하라.
3. 축(軸)을 갖고 구조화하라.
4. 영향력×실현성을 생각해 통합적인 구상을 실행하라.

수치로 이야기한다

일상에서 찾을 수 있는 전략가의 기본은 숫자로 이야기하라는 것이다. 분석에서 정량적으로 구조화하는 것도 중요하지만, 일상에서도 숫자를 사용해 이야기하면 분명해진다. 예를 들면, 고객서비스의 효율성을 조사할 때 다음과 같은 듣기 방식을 취한다.

> **명확하지 않은 예**
>
> '오전 중에는 손님으로부터 얼마나 자주 전화가 오나요?'
>
> - 오전 중에는 그렇게 많지 않아요.

> **명확한 예**
>
> '오전 9시부터 12시 사이에는 한 시간마다 몇 번 전화가 오나요?'
>
> - 오전 9시부터 12시 사이에는 한 시간마다 열 번 정도 전화가 옵니다.

어느 쪽이 더 구체적으로 답을 얻을 수 있는지 분명하다. 그러나 비즈니스 현장에서는 앞의 예와 같은 모호한 대화가 이루어지는 경우가 많다. 특히 사람들의 배경(Background)이 다른 해외에서는 모호함을 피하고 싶어 한다. 숫자로 대화할 수 있는 곳에서는 숫자로 분명히 말해야 한다.

대략적으로 계산 한다

비즈니스 현장에서는 매출이나 투자금액이 10억 원인지 1,000억 원인지 대략적으로 규모를 파악하는 것이 필요하다. 경영자 등의 의사결정자에게 조언할 때도 '**대략 어느 정도 규모의 이야기를 할 것인가?**'가 중요하다. 여기서는 금액의 세세한 차이보다 대략적인 규모를 파악하는 게 우선이다.

비즈니스의 현실감을 평가할 때도 페르미 추정처럼 어림잡아 계산한다. 예를 들면, 벤처기업이나 신규사업에서는 매출이 100억 원에 도달할 때까지가 어려운데, 이 경우에 고객이 매월 만 원을 지불하는 서비스라면,

- 고객 1명의 매출은 월 만 원

고객 1만 명으로 매월 1억 원 매출, 연간 매출 12억 원

- 매출 100억 원으로 하려면,

고객 10만 명으로 매월 10억 원 매출, 연간 매출 120억 원

이것을 바탕으로 '고객 1만 명 정도라면 가능할 것 같은데, 10만 명을 획득하기는 힘들겠다! 10만 명까지 획득하는 데에 얼마나 시간이 걸릴까? 아니면 가격을 올릴까?'라고 생각한다.

여러분에게 벤처기업이 투자해달라고 찾아오면 프레젠테이션 자료를 보고 몇 초 만에 이런 계산을 해 질문해야 한다. 그러면 고객획득의 가능성이나 가격 타당성 등 현실감 있는 검토를 할 수 있다.

이것은 여러분의 부하직원이 만들어온 자료에 대해서도 '이렇게 매출이

커야 할 필요는 없다'라거나, '이렇게 가격이 높아야 할 필요는 없다'라는 감각이 있어야 실수를 찾아낼 수 있다. 현실감을 갖춘 검토 습관을 갖기 바란다. 이런 대강의 숫자를 영어로는 '어림셈(Ballpark Figure)'이라고 한다.

기업가치의 저렴·값비쌈의 감각도 주가수익률(PER)이나 에비타(EBITDA: 법인세, 이자, 감가상각비 차감 전 영업이익 - 옮긴이) 배율의 업계 평균을 알고 있다면 대강의 계산으로 파악할 수 있다. 전문가는 이런 시장감각이 있다.

단, 사칙계산을 빨리 하려면 15×15=225나 25×25=625 라는 계산을 기억해두면 편리하다.

당신의 메시지는 30초 안에 정리되는가?

———

의사결정에서 피라미드 구조의 맨 위에는 가장 말하고 싶은 메시지가 온다. 일상에서 타인과의 소통에서도 이것은 변하지 않는다. 가장 전하고 싶은 메시지를 이해한 다음에 소통을 한다.

바꿔 말하면, **'한마디로 말하면 무엇일까?'**라는 질문이 된다.

전략가인 여러분이 엘리베이터에서 제안을 하고 싶은 기업 CEO와 함께 있다고 하자. 무엇을 전할 것인가? 매우 짧은 시간에 말하고 싶은 내용을 프레젠테이션하는 것을 엘리베이터 피치(Elevator Pitch: 특정 상품, 서비스, 기업과 그 가치에 대한 빠르고 간단한 요약 설명을 의미함. - 옮긴이)라고 말한다. 실제 비즈니스에서도 중요한 인물일수록 분 단위를 다툴 만큼 바빠 시간을 낼 수 없는 경우가 대부분이다. 나도 컨퍼런스나 파티에서 중요한 인물이 이동하는 순간을 포착하여 '30초만 시간 내주세요'라고 말하고 이야기하는 경우가 있다.

비즈니스에서 전달되는 소통은 다음과 같다.

① 결론이 처음에 온다.

② 가장 말하고 싶은 것부터 우선순위가 정해져 있다.(Top-Heavy: 골프채 헤드가 샤프트(자루)에 비해 무거움. 구조적으로는 불안정하지만 중요한 것이 가장 위에 있음을 의미함 - 옮긴이)

③ 말하는 사람의 입장이 명확하다.

구두나 메일로도 위와 같은 소통 방법이 메시지를 쉽게 전달할 수 있다. 한편, 이것이 잘 이루어지지 않는다면 소통으로서 전달은 어렵다.

03.

전략가의
미디어 활용 능력

우리를 둘러싼 TV나 신문 같은 매체에 대해 능동적으로 읽고
쓰는 활용 능력(Literacy)을 갖는 것은 전략을 다루는 데에 필
수이다. 여러분은 주변 '정보(Information)'를 '통찰(Insight)'하
여 바꿔나가야 한다.

아이디어가 막히면 유추로

비즈니스에서 부가가치를 창출하는 방법으로 업계나 장소를 이동시키는 것이 있다. 이것은 당연히 도쿄에서 해야 할 것을 서울에서 하거나 자동차 업계에서 당연히 해야 할 일을 의류업계에서 하는 따위이다.

이런 지리 간, 업계 간 이동은 컨설팅 업계에서는 예전부터 이루어져 왔다. 1980년대 일본에서는 미국계 컨설팅 업체가 일본 기업의 성장요인을 조사하고 미국 기업에게 소개했다. 현재에는 일본 기업이 기술혁신 비결을 실리콘밸리 벤처기업으로부터 배우는 중이다.

신규사업 개발 등에서 아이디어가 막히면 **'다른 업계는 어떻게 하고 있는지'**, **'다른 장소(시장)에서는 어떤지'** 먼저 생각해본다. 또한 **'비슷한 것은 무엇인가?'** 하고 생각해본다. 이런 유추를 아날로지(Analogy)라고 부르는데, 그룹 브레인스토밍(Brainstorming)에서 강력한 무기가 된다. 유추에 의해 의도적으로 논리를 비약시키고 새로운 발상을 이끌어낸다. 논리의 비약이기 때문에 논리적이지 않음을 알고 사용한다. 비약이라는 의미로 브레인스토밍에서는 극언도 유효하다. '만약 ○○가 없었더라면'이라거나, '만약 ○○이 무한대로 쓸 수 있었다면'이라는 식이다.

새로운 아이디어는 비약에서 생기고 그 실행에는 정밀한 논리로 돌아갈 것이다. 지금은 의료수술 현장에서 로봇 팔이 들어가고 복잡한 수술에서 의사에게 확장된 시야와 수술환경을 제공한다. 이런 로봇 팔 기술이 처음 발전한 것은 우주 공간이나 해저였다. 우주에서 사용되던 기술이 병원 수술실로 들어온 것이다. 이런 전용(轉用)을 떠올린 것이 유추를 이용한 사고법이다. 새로운 아이디어는 기존 분야나 영역의 새로운 조합에서 생겨난다.

지구본으로 생각해 본다

기업 현장이나 미디어에서는 **'글로벌하게 생각하라'**라는 말이 많이 들린다. 어떤 사고방식을 지니고 있으면 좋을까? 여기서는 글로벌 비즈니스 방법론이 아니라, 사고방식에 대해 말하고 싶다.

'글로벌하게 생각한다'는 사고의 폭이다. 비즈니스 목적을 달성하기 위해 국내에 국한해 생각할 필요는 없다. 예를 들면, 국내 기업이 동남아의 기존 고객에게 신제품을 제공할 때에 미국 서부와 이스라엘로부터 라이센스(license)를 취득한 기술을 조합해 대만의 공장에서 제품을 생산하고, 싱가포르가 총괄하는 판매 거점에서 제품을 공급해도 된다.

이런 비즈니스 목적에 최적화된 조합을 **'지구촌 위치에서'** 생각하는 사고방식을 지녀야 한다. 목적 달성을 위해 가치사슬 위에서 필요한 지역 선택을 생각할 때에 일본 이외에 대한 호기심, 지식·식견이 없으면 거기서 사고가 멈춰버리기 때문에 평소의 지식 투입은 필수이다.

일본은 비교적 국내시장이 크고 생산능력도 있기 때문에 내수만으로 비즈니스가 가능한 기업이 적지 않다. 하지만 상사나 제조회사 등 이미 다국적기업도 많기 때문에 지구촌 위치에서 생각하는 시각이 가치 있다.

예를 들어보자. 일본 기업이 생산, 판매하는 TV나 오디오가 해외에서는 야외용으로 사용되는 경우가 있다. 또한, 냉장고도 어떤 나라에서는 대형

냉동식품 저장 공간으로 사용되기도 한다. 이처럼 직접 가서 현지에서 확인하지 않으면 알 수 없는 경우가 많다.

세상에는 다양한 가치관이 있다. 바꿔 말하면, 가치관은 무엇에 대가(돈이나 노력)를 지불할 것인가이다. **그들은 무엇에 대가를 지불할 것인가라는 질문을 갖는 것**이 가치제안을 할 때의 식견이다. 해외에서는 국내에서 생각할 수 없는 정부 제도에 대한 국민의 대응도 있다. 예를 들면, 이집트에서는 맨션이 준공됨과 동시에 과세가 시작된다. 그래서 세금을 피하기 위해 아파트를 짓는 상태에서 살고 있는 사람들이 있다. 제도 설계에 대한 국민의 이런 대응에 의해 골조를 남긴 상태로 만드는 아파트가 늘고 있다.

여러분이 관리자가 되기 전에, 세상에는 자신이 가정했던 것과 전혀 다른 것이 있음을 조금이라도 이해해야 한다. 이런 사고방식이 있으면 훗날 관리자가 되어 업무가 바빠 현장에 직접 갈 수 없더라도 '안락의자 탐정(Armchair Detective: 현장에 가지 않는 탐정)'으로서 상상력을 발휘할 수 있을 것이다.

지도를 거꾸로 놓고 본다

[거꾸로 본 세계 지도]

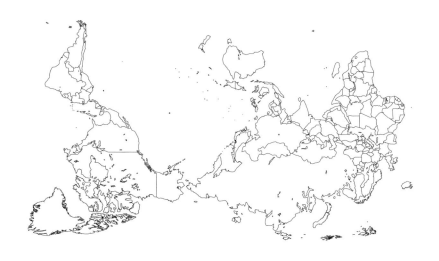

모르는 사이에 강한 선입관을 심어주는 경우가 있다. 예를 들면, 지도를 보는 법이다. 지구는 둥글기 때문에 어느 쪽으로 보더라도 상관없다. 부유한 국가가 북반구, 가난한 국가가 남반구에 집중해 있는 남북문제가 있지만, 지도는 거꾸로 놓고 보더라도 좋다.

예를 들어, 한국, 일본, 중국을 지도에서 거꾸로 본다면 느끼는 방식이 조금 바뀌게 된다. 머릿속의 지도도 선입관에 구애받지 말고 마음속에 그려, 전략을 세우도록 하자.

편견이나 선입관을 점검한다

[거꾸로 본 아시아 지도]

전략을 세우고 조직을 관리하면서 선입관이나 편견이 큰 장애가 되는 경우가 있다. 여기서 내가 자주 사용하는 선입관에 대한 테스트를 해본다.

어느 대학병원에 매우 유명한 외과의 권위자가 있었다.

어느 날 그 외과의사에게 교통사고로 아버지와 아들이 실려왔다. 아버지는 이송 중 사망했고 아들은 응급실 수술대에 눕혀졌다. 그 아들을 보자 외과의사는 놀란 모습으로 말했다.

'이 아들의 수술, 나는 못 합니다.'라고.

이 외과의사는 왜 수술을 거부한 걸까?

이해할 수 있겠는가?

정답은, 외과의사는 아이 아버지의 아내이자 아이의 어머니였기 때문이다.

이미 답을 아는 사람은 곧바로 알 수 있는 간단한 문제이지만, 모르는 사람에게는 생각하더라도 좀처럼 답이 나오지 않는 문제이다. 권위 있는 외과의사라고 하면 남성을 상상하는 성 편견(Gender-Bias)에 관한 사례이다.

전략 수행 관리에서 해당 역할에 가장 적합한 사람을 배치하는 것은 당연하다. **어느새 자신이 편견에 빠져 있지 않은지 의식해보게 된다.** 어쩌면 여러분의 편견으로 어제 만났던 사람과의 비즈니스가 무산될지도 모른다. 여러분은 '누가 말할지'보다 '무엇을 말할지'를 중요하게 생각해야 한다. 고민이 없다면 혁신은 일어나지 않는다. 그리고 리더는 고민을 두려워하면 안 된다. 보충설명이지만, 정보 분석에서는 **'누가 말할지'**, **'누구에게 말하게 할지'**가 의미를 갖는다.

같은 직무에 대해 40세 일본인 남성보다 25세 외국인 여성이 적합하다면 주저 없이 25세 외국인 여성을 배치해야 한다. 옛날부터 일본 기업은 사실 여성의 관리직 비율이 낮고 여성 임원 비율도 1% 대인데 반해, 미국에서는 약 30% 정도이다. 저출산 고령화에 따른 인구 감소를 고려해도 기업에서 성차별이 없는 인사 설계는 필수다. 정부가 여성 활용을 외칠 필요도 없이 일본 기업이나 조직은 살아남기 위해 다양화가 필요한 것이다.

여전히 일부 기업의 남성 중에는 '여성 활용을 제도화하면 능력 없는 여성까지 승진한다.'라는 말을 강하게 주장하는 사람이 있다. 그렇다면 그는 능력이 있어 승진을 한 것일까? 이 세상에 능력 면에서 직책을 잘 수행하지 못하는 사람이 많다는 점을 생각하면 매우 의문이 들고, 그런 논조에는 귀 기울일 필요 없이 다양화를 추진해나가야 한다고 생각한다.

'글로벌 스탠더드'를 의심한다

여러분은 '글로벌 스탠더드'를 정의할 수 있는가?

회사 내부에서 이 말을 사용하려면 그에 따른 적절한 정의가 필요하다. 다국적기업도 국가에 따라 경영 스타일이 다를 수 있다. 각국이 공통화할 수 있는 부분은 공통화하고, 나머지 부분은 '현지화'하는 것도 환경에 적응하는 지혜다. 예를 들면, 국내에 진출해있는 외국계 기업에서도 **'글로벌 스탠더드를 가르쳐준다.'라는 태도로는 장기적으로 받아들일 수 없는 것이다.** 이것은 국내 기업이 해외에 진출할 때도 마찬가지이다.

자주 국내 외식체인에서 수입식품의 안전성이 문제가 된다. 글로벌 외식체인이라면 재료조달 비용을 내리기 위해 세계적으로 구입처 기업을 쥐어짜고 구입량을 늘리려고 한다. 이런 비용 삭감의 '글로벌 스탠더드'를 우선함으로써 식품 안전성이나 해당 국가의 입맛에 맞는 상품개발을 등한시할 수 있다. **이런 비용절감은 단기적으로는 수익성 개선에 기여할지도 모르지만, 장기적으로는 뜬 소문 리스크나 고객이반을 초래하는 경우가 있다.** 기업이 해외 M&A 후, 기업통합(PMI)에서는 뚜렷하지만 '다른 곳에서 성공하면 이렇게 하라'라는 강요된 식민지주의가 아니라, 전략적으로 신중한 경영통합이 요구된다.

근래에는 일본에도 많은 외국계 사모펀드(PE, 미공개 주식투자펀드)가 들어왔다. 이 중 PE의 성패를 가른 것은 식민지 지배의 강요 유무였다. 외국계의 PE는 일본 진출 때에 도쿄 외국계 투자은행으로부터 수억 엔이라는 보수를 주고 인재를 스카우트하고 도쿄 사무실을 맡겼지만, 표층적 글로벌 스탠더드를 '가르쳐준다'는 자세로 일본 경영자와 대치한 PE는 안건도 만들지 않고 기업경영도 하지 않은 채 철수해버렸다. 그런 글로벌 사고에 빠진 인간만큼 '일본 경영자는 뒤처져 있다'고 말했고, 자신들의 이질성과 이해 부족을 무자각했기 때문에 실패했다.

뉴욕이나 런던에 본사를 둔 다국적기업의 경영 스타일이 글로벌 스탠더드는 아니다. 예를 들면, 미국에서도 동부, 중부, 서부와 같이 태생이 다른 기업에서는 기업문화가 다르다. 미국 기업이기 때문이라는 합리성만으로 인도나 필리핀으로 업무 아웃소싱이 될 수 있을까? 정책적인 고용 유지의 측면에서 정치문제화 하고, 해외 아웃소싱을 규제하는 법안이 제출되며, 해외 아웃소싱의 시비를 둘러싸고 논쟁이 되고 있다.

글로벌 시대 사업도 국내 사업 전개와 마찬가지로 특정 지역에서 성공한 사례를 해당 지역에 맞춘 형태로 적용하고, 또 일방향만이 아니라 쌍방향으로 성공 사례를 공유해야 한다. 나는 경험상, 일본의 성공 모형이 해외에서 전혀 적용되지 않았던 사례나, 일본의 도(道)·시(市)·부(部)에서의 성공 모형을 지방에 적용하는 데에, 어려움을 겪는 사례를 보았기 때문에, **어느 시장이든 전혀 똑같지 않다**는 겸허함이 필요하다고 생각한다.

'글로벌 스탠더드 = 미국 스탠더드'가 아니다

일본의 매체나 출판물은 자칫 '글로벌 스탠더드=미국 스탠더드'라고 하고 과대평가하거나 과소평가하는 경향이 있는데, '미국에서는'이라는 논의는 냉정하게 볼 필요가 있다. 예를 들면, 한때 '미국에서 발단이 된 회사는 누구 것인가?'라는 논란으로 회사는 주주 소유라는 사고방식, 말하는 주주로 대표되는 주주(株主)원리주의가 있었다. 말하는 주주인 액티비스트 펀드(Activist Fund: 경영참여형 투자자 - 옮긴이)는 상장회사에 대해 '현금이나 잉여자산을 지나치게 많이 보유한 경영은 비효율적이다. 현금을 배당으로 돌리든지 자사주 매입을 하라'라고 압박하고, 이런 경영 효율화가 글로벌스탠더드라고 주장했다.

그러나 이 주장에는 논리적인 허점이 있다. 첫째, 회사가 보유한 현금가치는 시장의 효율성을 전제로 하면 이미 주가에 반영되어 있고(모딜리아니·밀러(MM) 이론(Modigliani-Miller: 1958년 F. 모딜리아니와 M. H. 밀러가 발표한 기업금융에 관한 정리로 자본 구조라는 현대적 개념이 새로 등장하는 계기가 된 이론 - 옮긴이), 주주가 현금을 갖고 싶어하면 주식을 시장에서 매각하면 된다. 모딜리아니·밀러 이론에 따르면 완전한 시장에서 배당정책은 기업가치와 무관하다는 것이다.

주주와 회사가 생각하는 시간 축에 괴리가 있는 경우다. 회사 자체가 장기적인 존속을 전제로 직원이나 거래처라는 이해관계자와의 관계를 지속해감으로써 가치를 창출하고 있다고 하자. 장기적으로는 반드시 리먼 쇼크와 같은 경제위기에 의해 현금이 조달될 수 없는 상황에 대비해야 하므로, 단기적인 효율성에 의해 현금을 토해내게 해야 한다고 주장하는 액티비스트 펀드의 주장에 귀 기울일 필요는 사라진다. 사실 리먼 쇼크 당시는 미국의 많은 기업들이 현금조달이 안되는 시장 유동성 고갈에 직면했다. 단기 주식보유자는 시장 유동성 공급에 대해서는 필요한 존재이지만 그 주장은 논리적으로 분석할 필요가 있다.

비즈니스에서 미국의 사고방식을 글로벌 스탠더드로 그대로 받아들일 필요는 없다. 또한, 이후 국제사회에서의 미국의 상대적 지위는 점차 약화될 것으로 보인다.

압도적인 군사력과 통화의 힘을 배경으로 한 미국 주도의 세계질서는 중동 이슬람 국가와 같은 무장집단에 의한 혼란, 선진국 내에서도 빈발하는 테러, 우크라이나 위기에서 볼 수 있는 UN 안전보장이사회 기능 불완전, 국제적 합의(Consensus) 부재 중 러시아의 팽창, 정부가 시장에 적극적으로 개입하는 국가자본주의 체제를 취하는 중국의 경제적·군사적 대두라는 파고에 기존 질서의 붕괴 과정에 들어간 것처럼 보인다.

예를 들면, 군사적인 면만이 아니라 경제적인 면에서도 2014년 중국은 아시아 인프라 투자은행(AIIB: Asian Infrastructure Investment Bank)설립을 진행하고, 미국 주도의 세계은행이나 아시아개발은행에 대항하는 구도를 보이고 있다.

오바마 대통령 정권은 이런 상황을 냉전 당시 소련의 위협보다는 좋다고 말하고 있는데, 국제정치학자 이언 브레머(Ian Bremmer: 컬럼비아대 교수이자 세계적인 위기 컨설팅 업체 유라시아그룹(Eurasia Group) 회장 - 옮긴이) 교수가 주장한 바와 같이 세계는 G-제로(G-0: 특정 국가나 그룹의 영향력과 헤게모니가 쇠퇴하고 뚜렷한 주도 세력이 없는 무극성(無極性: Non-Polar)의 국제 질서를 뜻함. 위기 컨설팅 업체 유라시아 그룹의 이언 브레머 회장이 2011년 다보스포럼(세계경제포럼, WEF)에서 기존 글로벌 리더십을 발휘했던 국가들이 현재 자국 경제에 초점을 맞추고 있어 글로벌 거버넌스를 구축할 여력이 없어서 글로벌 리더십을 발휘할 국가가 없는 상태를 뜻함 -

옮긴이)라는 다극화가 진행되고 있으며, 정치와 비즈니스에서 미국이 스탠더드를 만들지 못하는 환경을 인식해야 한다.

미국의 이런 오랜 파워를 전제로 하지 않는 세계에서는, 우리가 자명하다고 여기는 민주주의를 앞으로는 그다지 중요하게 여기지 않는 세계까지도 생각할 수 있다. 우리는 민주주의와 자본주의를 한 세트로 생각하는 시절이 있었지만, 독재의 정치 수법과 자본주의가 경제면에서 경쟁력을 가질 수 있다는 것도 사실이다.

2013년 중국에 대한 독일의 직접투자는 전년도에 비해 42%나 늘었고, 중국은 독일에게는 아시아 최대 무역국이 되었다. 또한, 대단히 미국적인 할리우드 영화에서의 중국 배우 출연, 중국 제품의 노출이나 중국 현지 촬영 증가, 세계 공개 버전과는 별도로 중국 버전을 작성하는 데서도 중국시장의 영향력을 확인할 수 있다.

글로벌화의 두 얼굴

비즈니스 전략가라면 머릿속에 세계 지도가 있고, 제로베이스에서 비즈니스 가치사슬의 지리적 최적화를 생각한다. 이것은 현재의 물류 및 IT 인프라 글로벌화의 혜택을 누리고 있기 때문에 가능한 비즈니스의 구축이지만, 비즈니스의 전제인 '세계의 지속성'을 생각하면 글로벌화의 부정적 면도 잊지 말아야 한다.

2014년 세계적 베스트셀러가 된 『21세기 자본(Capital in the 21st Century)』

의 저자이자 파리 경제대학 교수인 토마 피케티(Thomas Piketty)도 글로벌화 자체는 긍정하면서도, 글로벌화에 의한 격차 확대를 방치하는 리스크는 사람들이 글로벌화를 자신에게 도움이 되지 않는다고 느끼고 극단적인 국가주의로 향하는 것이라고 말한다.

세계적으로는 무기나 마약밀매, 인신매매, 감염증의 팬더믹(Pandemic: 전염병이 세계적 규모로 동시에 대유행하는 상태. 또는, 세계적으로 유행하는 전염병-옮긴이) 현상 등 **인류의 적이라고 할 수 있는 현상이 글로벌화의 이면에 숨어 있다.** 먼 나라 일로 느낄지 모르지만 UN 약물범죄사무소(UNODC)에 의하면, 2014년 124개국에서 4만 명이 넘는 인신매매 피해자가 생겼다. 이 중 18세 미만의 아이들이 3분의 1을 차지했고, 70%가 여성이었다. 인신매매는 매춘, 강제노동, 장기매매를 목적으로, 지금 이 시간에도 어딘가에서 이루어지고 있다.

세계를 충격에 몰아넣은, 서아프리카에서 발생한 에볼라 바이러스도 해외를 자유롭게 오가는 오늘날에는 강 건너의 불이 아니다. 또한 에볼라 바이러스 같은 감염증을 각국이 원천봉쇄할 수도 없다. 이것들은 사람과 물건이 글로벌하게 이동하는 것의 부정적 면이라고 생각되고, 사회적 과제로 추진해야 하는 현상이다.

모든 미디어 정보에는 의도가 있다

우리를 둘러싼 TV나 신문 같은 매체에 대해 능동적으로 읽고 쓰는 활용능력(Literacy)을 갖는 것은 전략을 다루는 데에 필수이다. **여러분은 주변 '정보(Information)'를 '통찰(Insight)'하여 바꿔나가야 한다.**

나는 기업 미디어 전략에 대해 조언하고 있다. 예를 들면, 좋지 않은 일이 일어난 기업의 신용이 추락하지 않게 하거나, 적대적인 주주로부터 기업을 지키기 위한 조언이다. 고객이 매스컴을 통해 기자회견할 때 필요한 원고를 준비하기도 하고 복장이나 표정, 말투 등도 '설계'한다.

이와 같이 발신된 정보에서 편견이 개입되지 않는 중립적인 것은 존재하지 않는다. 1차적인 정보 발신자도 어느 정도 의도가 있고, 그것을 전하는 기자나 저널리스트 미디어도 '스토리'나 '줄거리'가 있다.

이런 의도의 존재를 전제로 **뉴스에도 누군가의 편견이 개입될 수 있다는 점을 알아야 한다.** 예를 들면, 정부 관련 보도에서 사진이나 영상이 있다면 왜 그것을 찍었는지, 무엇을 찍지 못했는지를 생각하는 것이 첫걸음이다.

보이는 것이 전부가 아니다

TV 영상이나 신문기사 사진은 사람들에게 큰 인상을 남기는 강력한 도구다. 모금이나 지원을 요청하는 광고에 실린 어린아이의 '포스터 차일드'에 눈길을 뺏기는 경우도 있다. 이것은 논리적 사고보다 감정에 호소하는 광고 수법이다.

기업 스캔들에 대한 사죄 회견을 떠올려보자. 고개를 숙이는 모습을 확실히 영상에 담기 위해 전원이 머리 숙이는 타이밍을 맞추고 머리를 숙인

채 10초 가까이 있는 경우도 있다. 이것도 확실히 사죄했다는 '그림'으로 보이고, 그 모습을 지켜본 사람의 감정에 호소하는 것이다.

예를 들면, **확실히 '그림'이 설계된 장면도 있다.** 적대적 기업 인수 방어에서는 매수자의 임원 등이 걷는 곳으로 갑자기 매수 쪽의 사람이 '사지 마라'라는 탄원서를 들고 나타나, 매수 측에 다가가 매수측 임원이 탄원서를 받지 않는 상태나 뿌리치고 도망가는 모습을 언론에 찍어주고 매수 측의 오만한 이미지를 '형성하는' 예이다.

일상에서도 볼 수 있는 모습인데, 정치인이나 연예인 얼굴 사진에 나오는 미소가 항상 똑같이 보이는 경우가 있다. 물론, 볼품 있게 미소띤 좋은 얼굴을 훈련해 만들어 사진에 남도록 한다. 그런데도 미디어는 기사 스토리에 있는 분노한 얼굴이나 불평 불만으로 볼멘 사진을 촬영하고 기사 인상을 조절한다.

이와 같이 미디어를 대하는 정보 제공자에게는 어느 정도 의도가 있다. 누가 어떤 의도로 정보를 흘렸는지 상상하는 습관을 갖기 바란다. **정부나 행정으로부터 발신된 정보에는 실시계획(Agenda) 설정이나 여론 형성을 위한 의도가 숨어 있다.** 정부 주변에는 기자클럽이 있고 거기에 신문사 기자들이 넘쳐나지만, 그곳에서의 기자 해설은 정치인이나 관료가 '여론에 바람을 피운다'라는 의식으로 행하고 있다.

정치 세계에서는, 세상에 뉴스가 되어 공개되었을 때에는 이미 현상의 마무리가 된 경우가 종종 있다.

온라인 기사에 현혹되지 말라

신문이나 잡지로 대표되는 매스컴 기사도, 온라인 기사에서는 PV(Page View)나 클릭 수를 늘리기 위해서 **기사의 제목과 내용이 상당히 괴리된 경우도 보인다.** 또한 기사 안에 들어 있는 기사 체제 광고 즉, 네이티브 광고 (Native Advertising: 광고주에 의해 제공되는 정보로 기사들과 함께 보이면서 마치 기사처럼 보이도록 디자인된 온라인 광고-옮긴이)도 증가하고 있으므로, 여기서도 미디어 활용능력을 묻는다.

소셜미디어에서 흘러나오는 인용 기사도 본래의 기사를 유쾌하고 즐겁게 하기 위해 **기사 전체의 일부만 잘라낸 것도 많다.** 기사에 대해 제대로 된 분석이나 고찰을 하려면 반드시 전문과 원전을 살펴 확인하기 바란다. 여러분이 소셜미디어에서 특정 기사에 대해 논평할 때도 사실과 다른 오인이 없는지 철저하게 확인해야 한다.

소셜미디어는 소위 **'댓글 쇄도'**라는 현상에 대한 논의가 비판 일변도로 치우치는 경우도 많지만, 그 비판 자체가 현상 전체가 아니라 사실에 대한 오해나 편향 정보에 의해 일어나는 경우도 많다. 댓글 쇄도가 있을 때의 트래픽 양에 현혹되지 않고 사실을 추구해야 한다.

이항대립 기법을 익힌다

때때로 미디어에서는 복잡한 현상을 단순화하고 선악이나 흑백이라는 이항대립에 의해 설명하는 경우가 있다. 이것은 미디어에는 방송시간이나 문자 수라는 제한이 있는 것과, 사회적 정의라는 이름으로 한쪽을 비판하는 것이 사람들의 공감을 얻을 수 있다고 미디어 자체가 본능적으로 생각하기 때문이다.

국제정치 로비 분야에서는 '**사다마이즈**(Saddamize)'라는 용어가 있다. 이것은 이라크 대통령이던 사담 후세인으로부터 유래되었는데, 확실한 근거도 없이 인물이나 국가에 특정 꼬리표를 붙이고 여론의 공격 대상으로 만들어 내는 PR기법이다.

사다마이즈와 같이 꼬리표를 붙일 때에도, 사람들에게 알기 쉽게 기억에 남는 문구 영상을 생각하고 미디어를 통해 노출시킨다. 몇 개의 메시지를 드러내는 것이 아니라 단순화된 하나의 메시지를 표지로 한다.

사다마이즈는 미디어 세계에서 일상적으로 행해지고 있으며, 공격 측과 방어 측은 다음과 같이 대응한다.

◆ 기업·인물의 공격 측
현상 논점을 이항대립으로 단순화하고, 한편에 '악덕기업'이나 '배금주의'라는 알기 쉬운 표지를 붙이고, 상징적인 행위나 영상으로 부정적인 이미지를 확대한다.

◆ 방어측
현상 논점이 단순화되고 여론에 어젠다가 설정된 경우, 그 씨름판에 오르지 않고 시간을 흘려보내는 것도 필요하다. 또한 공격 측의 정당성, 논거를 약화시키는 사실의 발견과 노출로 대항한다.

여러분이 미디어에 대해 발신한 경우도 하나의 메시지에 유의한다. 기업이라면 경영진이나 종업원이 동일한 것을 말하도록 한다. 하나의 메시지로 기자의 마음에 걸리도록 한다. 여러 장의 보도자료(Press Release)는 절대로 읽지 않는다. **가장 말하고 싶은 것을 먼저 표제로 써서 한 장의 종이로 정리하기 바란다.** 기사화하고 싶은 자료는 톱 헤비(Top-Heavy)가 기본이다.

미디어 활용능력을 높이는 방법

미디어 활용 능력을 높이는 가장 좋은 방법은 다른 사람보다 양질의 정보나 지식을 가진 분야의 뉴스에 더 많은 관심을 갖는 것이다. 그러면 뉴스에서 무엇이 빠졌는지 무엇이 이해될 수 없는지 알 수 있고, 뉴스의 허술함을 알 수 있다.

나도 내가 관련된 프로젝트가 뉴스나 기사에 나오는 것을 자주 보는데, 정보가 많을수록 기사가 편파적인 정보 출처로부터 불완전한 이해에 의해 구성된 것임을 알 수 있다. 기사가 특정 기업이나 인물에 대해 비판적인 내용이라면 누가 어떤 의도로 기자에게 말했는지도 모른다. 이처럼 여러분이 잘 알고 있는 현상에 대해 냉정하게 기사를 비교함으로써 정보에 접촉했을 때 '진단'의 올바름이나 미디어 활용 능력을 높일 수 있다.

미디어 활용 능력은 평소에 여러 매체를 접하는 데서 축적된다. 나는 국내외 신문·잡지를 정기 구독하고, 가능하면 매일 여러 서점에서 신간 도서들을 찾아본다. 다양한 매체를 동시에 이용하면 그 차이를 이해할 수 있게 된다. 또한, 신경 쓰였던 제재는 학술 논문이나 아이튠즈(iTunes) U 등에서 체계적인 지식에 접촉하기도 한다.

미디어 활용 능력 폭을 넓히는 방법으로서는, 국내 매스컴의 정보 뿐만이 아니라 **해외 출처에도 정기적으로 해당된다**는 점을 들 수 있다. 국내 매스컴이 대서특필하지 않은 세계의 큰 사건은 의외인 것일 수 있다. '이 문제는 해외에는 어떻게 다루고 있을까?'하고 생각하는 버릇이 중요하다. CNN이나 월스트리트 저널 등 상당한 해외 미디어의 한국어판이 있기 때문에 편리하게 이용할 수 있다. 참고로, 중요한 일은 영어로 검색하는 습관이다.

해외 정보를 얻는 데에 저널 외에도, 로비 업체(Lobbying Firm)나 싱크탱크(Think Tank)에서 나온 정보도 중요하다. 특히 미국에서는 기업이 로비업체를 활용하여 정부 정책에 영향을 미치거나 정치인이나 정부 고위관료, 대학의 연구자들이 한때 싱크탱크에 재직하는 것이 일반적이었다. 미국의 로비 업체나 싱크탱크는 워싱턴 DC에 사무실을 두고 있고 그 지역과 로비산업은 K스트리트(K Street)라고 불린다. 미국의 대표적인 싱크탱크로는 브루킹스연구소, CSIS, 랜드연구소 등이 있으며, 정책에서 큰 플레이어가 되고 있다. 영국에서는 왕립국제문제연구소, 통칭 채텀 하우스(Chatham House: 1920년 창설되었으며, 런던에 본부를 둔 싱크탱크 - 옮긴이)가 유명하다.

세상에서 논의되고 있는 사실이나 현상은 문화, 역사, 종교를 배경으로 하고 있다. 예를 들어, 여러분이 미술관에서 서양 종교화를 보고 있다고 하자. 1600년대의 기독교 관련 그림에 여성이 '종려(대추야자)'를 들고 서있다.

그림에 그려진 종교적 배경을 모르면 메시지를 읽어낼 수 없을 것이다. '종려'는 기독교에서 순교자를 의미하기 때문에 리터러시 즉, 미디어 활용 능력이 있는 사람은 그림의 의미를 이해할 수 있다.

이와 같이 사람이 똑같은 것을 보고도 읽어내는 지식에 따라 메시지에는 차이가 있다. 사실이나 현상은 문맥 안에서 읽고 분석할 필요가 있으며 그때 여러분의 교양의 깊이가 질문받게 된다. 사고를 할 때에는 항상 '이런 사실이나 현상의 본질은 무엇인가?'라고 질문하기 바란다.

마지막으로, 나 자신은 미디어나 저널의 역할과 의의는 권력에 대한 감시라고 생각한다. 워터게이트 스캔들에서 닉슨 대통령을 물러나게 만든 워싱턴포스트의 사주 캐서린 그레엄처럼, 권력에 영합하지 않는 기개 있는 사람이 미디어에 필요하다고 생각한다.

책은 최고의 투자 대상

책만큼 투자 대비 효율이 좋은 것도 없다. 세상 누군가가 평생 자신의 지성을 걸고 쓴 책도 1~2만 원이면 살 수 있다. 책을 살까 말까 고민한다면, 읽지 않고 쌓아만 두더라도 구입하는 편이 낫다. 최근 전자책 형태로도 만들어지고 있기 때문에 잊지 않도록 읽고 싶은 책 리스트에 보관해두면 마음 내킬 때 찾아 읽을 수 있다.

지금까지 내가 만나온 훌륭한 리더나 경영자의 공통점은 모두 '독서가'라는 사실이다. 그것도 비즈니스 관련 서적보다 소설이나 역사물 등 폭넓은 장르에 걸쳐 다독하는 분들이 많다.

여러분이 리더로서 전략가로서 인간의 오만이나 질투라는 감정에 대해 감응도(感應度)가 높지 않다면 조직을 이끌어나갈 수 없다. 인간의 이런 감정의 민감성은 독서에 의해 의사체험을 할 수 있으며, 인간의 비합리적인 면은 책에서 많이 언급되어 있다. 단테는『신곡(神曲)』에서 오만, 질투, 탐욕이 인간의 마음에 불붙어 번져나가는 것 자체를 표현하고 있다.

예를 들면, 셰익스피어의『오셀로』에서 인간의 질투나 불신이라는 근원적 감정을 목격하게 된다. 그런 감정은 인간으로부터 없어지지 않는 것이고,『오셀로』에서 벌어지는 일은 여러분의 직장에서도 일어날 수 있으며, 이야고는 어디에나 존재한다. 마키아벨리는『군주론』에서 '사람의 원한은 악행뿐만 아니라 선행에서도 생겨난다'며, 때때로 선의를 위한 일이 사람의 원한을 산다고 말하고 있다. **이런 비합리적인 상황은 현실 사회에서 얼마든지 있다.** 이런 고전작품들로부터 배울 것이 많다.

한편, 정보 수집을 위한 실무서라면 **처음부터 끝까지 모두 읽을 필요는 없다.** 차례를 보고 필요한 내용, 흥미 있는 부분만 읽어도 상관없다. 특정한 시간을 정해 모두 읽으려고 생각했지만 한 페이지도 읽지 못하는 것보다, 토막시간에 흥미 있는 부분을 조금이라도 읽는 쪽이 지식을 축적할 수 있는 것이다.

자신이 알지 못하는 서툰 분야의 지식을 얻기 위해 독서하려면, 먼저 그 분야에서 '기본서'로 알려진 책을 읽는다. **처음부터 수준 높은 어려운 책에 도전할 필요는 없다.** '잘 알고 있다'라거나, '책머리에'라는 제목부터 읽기 시작해도 상관없다. 가장 간단한 문헌부터 시작하여 그 분야나 업계에 대한 이해를 조금씩 늘려나간다. 일반서부터 시작하여 초심자들에게 널리 읽히는 기본서로 나아가고, 그 중에 등장한 주요 인물의 연구자를 골라내고 연구 내용을 분류한다. 이런 조사에서는 주요 인물과 그들이 주장하는 학설이나 연구를 파악하고 주류 학설, 그 학설에 대한 비판, 주변 학설과 같은 형태로 대학 등의 연구기관, 연구실, 연구서, 논문 등을 정리해간다. 공동으로 논문을 집필하는 인물에 초점을 맞추면 정보를 파악하기 쉽다.

정보 수집을 위해 책을 접할 때에는 집필자나 책의 개요에 대한 메모를 만들어나가면서 읽기 바란다. 책에 기재되어 있는 참고문헌도 중요한 정보 출처이다.

역사에서 현대의 비즈니스를 배운다

독일제국의 명재상이었던 비스마르크는 '어리석은 사람은 경험으로부터 배우고, 현명한 사람은 역사로부터 배운다'라고 했지만, **전략을 배우는 데에서 역사는 유추의 보고**라고 할 수 있다. 또한 모든 사실과 현상에는 시작이 있으며, 역사적 경위(經緯)로부터 통찰을 얻을 수 있다. 분석에서도 우선 과거 식견에 맞추어보는 것이 기본이다.

예를 들면 금융 비즈니스를 생각해보고, 12세기 이탈리아 피렌체 메디치가(家)의 발흥(勃興)에 대해 식견을 갖는 것은 헛된 일이 아니다. 당시 기독교에서는 고리대금은 신의 법에 위배되는 것으로 금지되어 있었지만, 실제로 환금 수수료나 증여라는 체계(Scheme)에 따라 수십 퍼센트의 이자를 받고 있었다. 이 시대로부터 금융은 체계상 수익을 올리는 일을 하고 있었다. 또한 미디어나 정보를 생각한 다음, 면면히 이어지는 바티칸의 영향력에 관심을 갖는 것도 헛되지 않다. 2014년 미국과 쿠바의 국교 정상화 협상에서도 바티칸 교황이 관여했다고 한다.

예를 들면, 경영에 대한 중요한 논점인 '주식회사'방식을 생각하는 데에는 **17세기 네덜란드 동인도회사의 구조를 알아야 하고, 일본 막부시대 말의 사카모토 료마(坂本龍馬)가 설립한 무역회사 '가메야마(龜山) 동문'을 생각하는 것도 흥미 있다.** 무역과 경제발전의 초기 단계에는 16세기 스페인의 배를 약탈했던 영국의 해적왕 프랜시스 드레이크(Sir Francis Drake)를 보호해주고 출자했던 영국 엘리자베스 여왕 같은 존재가 있었다. 현재는 시장경제의 제도 설계, 시장 설계(Market Design)가 논점이 되고 있는데, 프랜시스 드레이크 시대에 이미 기업가, 출자자, 불이익을 당하는 사람(약탈된 스페인), 제도상 보호해주는 존재의 맹아가 엿보이는 데에서도 현대로 이어지는 통찰이 있다.

또한, 세계사와 한국사를 연대별로 나열하여 네덜란드의 동인도회사가 설립된 시대에 한국에서는 광해군이 조선의 15대 왕으로 등극한 역사를 보는 것도 흥미롭다.

여러분이 생각하는 것은, 지금까지 인간 역사에서 대개 누군가 생각하고 시도한 것들이다. 또한 지금은 당연하다고 생각되는 것도 이전부터 큰 변천을 거쳐온 가능성이 있다.

세계 역사에서는 당연하다고 생각하던 것이 하룻밤에 바뀐 사례들이 수없이 많이 있다. 그 변화에 직면한 사람에게 물어보아도 왜 그런 사회제도였는지를 알지 못한다.

근대로 오면 1989년 베를린장벽 붕괴, 1990년 동서독일의 통일, 1991년 소비에트연방 붕괴 등이 대표적인 예들이다. 구동독 사람들은 베를린장벽 너머로 가는 날이 그렇게 쉽게 올 줄은 몰랐다. 그런 **'영원하다고 생각했던 것이 바뀌는'** 것도 역사로부터 배울 수 있다. 현재 세계사회는 세계질서의 리더인 미국의 지위 약화, 우크라이나 사태로 대표되는 러시아와 구미제국의 균열, 경제적·정치적 파탄국가, 테러국가의 증가 등 어떤 국제질서라도 변화할 수 있음을 보여주고 있다.

[제2차 세계대전 이후의 경제사회 연표(세계)]

1945	8·15 광복
1946	제1차 미·소 공동위원회 개최
1948	대한민국 정부 수립
1949	세계보건기구(WHO) 가입
1950	한국전쟁 발발(~1953)
1951	부산으로 정부 옮김
1953	제2차 한·일 회담 개최
1955	국제통화기금(IMF) 가입
1956	세계기상기구(WMO) 가입
1957	소련이 인공위성 '스푸트니크' 발사 성공
1958	UN한국재건단(UNKRA) 해체
1960	안보투쟁으로 데모대가 국회 진입
1962	쿠바 사태
1964	IMF 8조국 이행, 일본이 OECD 가입, 도쿄올림픽 개최
1965	미국의 베트남 폭격
1971	닉슨 쇼크(Nixon Shock)
1972	오키나와 반환
1973	제1차 석유 쇼크, 엔화가 변동상장제로
1974	미국 워터게이트 사건으로 닉슨 대통령 사임
1976	로키드 사건으로 다나카(田中) 전 수상 체포
1978	UN개발계획(UNDP)과 기술협력협정 체결
1983	소련 전투기의 KAL기 격추 사건 토의
1985	플라자 합의(Plaza Accord)
1986	소련 체르노빌 원전 사고, 남녀 고용기회 균등법 시행

1988	서울올림픽 개최
1989	천안문 사건, 베를린장벽 붕괴
1990	동·서독의 통일
1991	걸프전 발발, 소련 붕괴
1992	노태우 대통령 제47차 UN총회 기조연설
1995	국제부흥개발은행 즉, 세계은행(IBRD)의 공여 대상국 제외
1997	아시아 통화 위기
1999	동티모르 평화유지 활동
2001	미국 동시다발 테러, WTO의 중국 가입 승인
2002	월드컵 한·일 공동 개최
2004	UN세계관광기구(UNWTO) 의장국 선임
2005	노무현 대통령 UN총회 정상회의 개최
2006	반기문 제8대 UN사무총장 취임
2007	애플 iPhone 미국에서 발매
2008	리먼 브러더스 파산
2009	미국 오바마 대통령 취임, 닛케이지수 평균 7,054엔, 파나소닉이 산요전기(三洋電氣)를 자회사화
2010	그리스 재정 위기, 일본 대형 대부업체 다케후지(武富士) 회사회생법 신청
2011	동일본 대지진, GDP 중국이 일본 추월, 북한 김정일 사망
2012	일본 DRAM 반도체업체 엘피다 메모리(Elpida Memory) 회사회생법 신청
2014	소비세율 8% 확정

[제2차 세계대전 이후의 경제사회 연표(일본)]

1945	히로시마와 나가사키에 원자폭탄 투하, 종전
1946	일본 헌법 공포
1948	도쿄재판에서 도조 히데키(東條英機) 등 유죄 판결
1949	GHQ에 의한 1달러 360엔 환율 설정
1950	한국전쟁 발발(~1953)
1951	미·일 안전보장조약 조인
1953	NHK TV 방송 개시
1955	자유민주당 결성
1956	경제기획청 '이제 전후가 아니다'라고 발표
1957	소련이 인공위성 '스푸트니크' 발사 성공
1958	도쿄타워 완공
1960	안보투쟁으로 데모대가 국회에 진입
1962	쿠바 사태
1964	IMF 8조국 이행, 일본이 OECD에 가입, 도쿄올림픽 개최
1965	미국의 베트남 폭격
1971	닉슨 쇼크(Nixon Shock)
1972	오키나와 반환
1973	제1차 석유 쇼크, 엔화가 변동상장제
1974	미국 워터게이트 사건으로 닉슨 대통령 사임
1976	로키드 사건으로 다나카(田中) 전 수상 체포
1978	중·일 평화우호조약 조인
1983	도쿄 디즈니랜드 개장
1985	플라자 합의(Plaza Accord)
1986	소련의 체르노빌 원전 사고, 남녀 고용기회 균등법 시행

1988	리크루트 사건
1989	일왕 아키히토(昭和) 별세, 천안문 사건, 베를린장벽 붕괴, 닛케이(日經) 평균 3만 8,951엔
1990	동·서독 통일
1991	걸프전 발발, 소련 붕괴
1992	닛케이 평균 1만 4,309엔
1995	한신·고베 대지진, 오움 진리교에 의한 지하철 사린가스 사건
1997	홋카이도 타쿠쇼쿠(拓殖)은행 파산, 야마이치증권 자진 폐업, 아시아 통화 위기
1998	일본 장기신용은행 파산
1999	유로화 발족, 일본은행의 제로금리 정책
2001	미국 동시다발 테러, WTO의 중국 가입 승인
2002	월드컵 한·일 공동 개최
2004	다이에이가 산업재생기구에 지원 요청
2005	일본 인터넷 서비스 업체 라이브도어(Livedoor)가 일본 방송 주식 취득, 미쓰비시 UFJ 경영 통합, 우정 민영화법 가결
2006	소프트뱅크가 보더폰(Vodafone) 일본 법인 매수
2007	애플 iPhone 미국에서 발매
2008	리먼 브러더스 파산
2009	미국 오바마 대통령 취임, 닛케이 평균 7,054엔, 파나소닉이 산요전기(三洋電氣)를 자회사화
2010	그리스 재정 위기, 일본 대형 대부업체 다케후지(武富士) 회사회생법 신청
2011	동일본 대지진, GDP 중국이 일본 추월, 북한 김정일 사망
2012	일본 DRAM 반도체업체 엘피다 메모리(Elpida Memory) 회사회생법 신청
2013	정부와 일본 은행이 인플레이션 목표를 2%로 설정
2014	소비세율 8% 확정

04.
기업가치를 평가한다

'리스크 있는 1달러보다, 리스크 없는 1달러가 더 가치 있다'라는 개념이 있다. 리스크라고 하면 '손실이 발생한다'라는 다운사이징 리스크 쪽을 생각하는 경향이 있는데, 리스크란 '불확실성'의 문제이기 때문이다. 이익이나 손실 모두 미래의 불확실성은 리스크라고 생각한다.

전략가에게 금융은 피할 수 없다

———

전략가를 목표로 하는 전문가에게 절대로 피할 수 없는 것이 금융 지식이다. **뭔가를 구상해 실현하기 위해서는 그 프로젝트를 위해 최적의 자금 조달 방법을 설계해야 한다.**

영업 분야에서 오랫 동안 일해온 사람이 관리부서로 옮겼을 때 '나는 재무나 금융은 문외한이다.'라고 말하는 경우가 있다. **금융은 매우 단순하고 논리적으로 파악할 수 있으므로 누구나 이해하고 이용할 수 있다.** 그냥 무작정 싫어해 손해볼 필요는 없다. 나는 이전부터 매우 우수한 영업 능력을 갖춘 사람이나 엔지니어로 일하는 사람이 금융에서 잘 못한다는 의식을 가진 것을 이상하게 여기고 있었다. 한편 사회에 진출한 후 빠르게 투자, 주식이나 채권, 외화를 사고파는 트레이딩(Trading)세계로 들어간 사람은 무엇이든 금융 관점에서 생각하는 경향이 있다. 나는 이것은 지식이라기보다 사고방식의 습관 문제라고 생각한다.

금융은 MBA에서도 상품화된 분야로 원리원칙만 잘 알아두면 아무리 복잡한 금융 상품을 대하더라도 자신의 능력으로 파악할 수 있다.

또한, 이미 MBA에서 다루는 금융 기초지식이 있는 사람에게 이론과 실무 사이에 괴리가 있는 것도 사실이다. 이것은 '제3자 할당증자로 신주를 발행해 자금을 조달해야 한다'고 개념적으로 이해하고 있더라도, 실무적으로 특정 문서를 작성해 특정 절차를 밟아나가면 좋을지 모르는 절차상의 문제이다.

이런 실무는 전략 분야의 컨설턴트도 어려워하는 부분이다. 나는 채용 면접에서 '스톡 옵션의 설계나 주식 인수 계약이나 주식 양도 계약의 서류 작성 경험은 있나요?'라고 묻곤 하는데, 금융기관 출신이나 MBA학위 보유자라도 이런 실무를 실제로 해본 사람은 극소수이다.

여기에서부터는 장기간 사용할 수 있는 금융에 대한 사고방식으로부터 기업금융까지 알아본다.

내일의 1달러보다
오늘의 1달러를 선택한다

금융 개념에서 가장 중요한 것은 '내일의 1달러보다 오늘의 1달러'라는 개념이다. 이것은 **돈의 시간적 가치를 가리키고, 미래 가치를 현재 가치로 환산해 비교한 것**이다.

예를 들면, 예금 금리가 5%라면 금년 1,000만 원과 내년 1,000만 원은 어느 쪽이 더 가치 있을까? 내년 1,000만 원을 받을 수 있다면 100/1.05=95.238로 내년 1,000만 원의 현재 가치는 약 950만 원이다. 또한, 같은 금액을 받을 수 있다면 투자 기간이 짧은 쪽이 수익이 올라간다고 할 수 있다. 이 금리 5퍼센트를 할인율(Discount Rate)이라고 부른다.

또한 현재 가치와 자주 혼동하는 것으로 순현재가치(NPV = Net Present Value)가 있다. NPV는 '네트(Net)'이기 때문에 장래의 현금흐름(Cash Flow: 기업활동에 의한 자금의 입출 - 옮긴이)을 현재 가치의 합계액으로부터 초기 투자액을 뺀 금액이다.

돈을 투자했을 때의 수익은 시간과의 균형이라고 생각할 수 있다. 그때는 사과와 귤이 아니라 사과와 사과를 비교하기 위해 현재 가치로 환산해 비교를 한다.

투자는 동일한 시간을 사용한다면 수익이 더 큰 사업에 투자하는 것이 합리적이다.

만약 수익이 적은 쪽에 투자한다면, 본래 얻어야 했던 수익을 잃은 것이기 때문에 기회비용을 지불한 것이라고 할 수 있다.

돈의 시간적 가치를 생각하면 인플레이션에 대해서도 이해할 수 있다. 인플레이션은 재화나 서비스의 가격이 상승하고 화폐 가치가 내려가는 현상이다.

인플레이션율이 5%라면, 1,000만 원을 예금 또는 투자도 하지 않고 가지고 있다면 어떤가? 물가는 상승하고 있으므로 조금 전 계산과 마찬가지로 100/1.05=95.238로, 1년 후 돈의 가치는 인플레이션의 영향에 의해 약 950만 원이 된다. 인플레이션의 영향으로 돈의 실질적 가치가 내려갔기 때문이다. GDP에 대해 설명하는 부분에서 명목과 실질이라는 용어가 나왔지만, 명목금리가 10%라도 인플레이션율이 5%라면 100×1.1/1.05=104.76만 원이 되고, 실질금리는 4.76이 된다.

리스크라는 불확실성을 생각한다

다음으로 '**리스크 있는 1달러보다, 리스크 없는 1달러가 더 가치 있다**'

라는 개념이다. 리스크라고 하면 '손실이 발생한다'는 다운사이징 리스크 쪽을 생각하는 경향이 있다. 리스크란 '불확실성'의 문제이기 때문에 이익이나 손실 모두 미래의 불확실성은 리스크라고 생각한다.

또한, 금융에서 **'변동성(volatility)이 높다'**라는 표현을 쓰는데, 이것은 주식 등의 가격변동성을 말한다. 변동성이 높으면 기대수익이 어긋난다. 당연한 말이지만 미래에 확실한 금액을 받는 쪽 돈과, 그 금액이 증가할지 줄어들지 알 수 없는 돈은 확실한 쪽의 돈 가치가 높다.

금융세계에서 리스크 없는 상품은 국채라고 생각한다. 만약 리스크 프리(Risk-Free)로 알려진 10년 국채의 연이율이 10%로 고정되어 100만 원으로 국채를 사면 10년 후 반드시 259.37만 원이 된다. 바꿔 말하면, '연이율 10%로 할인된 10년 후의 259.37만 원의 현재가치는 100만 원이다'라고 할 수 있다.

이 사고방식에 의한 미래 가치를 알면 현재 가치도 알 수 있다. 위험이 없는 국채 연이율이 10%라면, 10년 후 100만 원의 현재 가치는 38.55만 원이 된다. 따라서 이 경우 이런저런 리스크를 떠안은 사업에 38만 원을 투자해도 10년 후 100만 원 이상 되지 않으면, 위험이 없는 국채에 투자하는 것이 합리적인 선택이 된다.

투자 균형을 맞춰라

금융에서는 **'한 바구니에 달걀을 모두 담지 말라'**라는 격언이 있다. 마찬가지로, 가진 돈을 모두 같은 주식에 투자하거나 기업이 하나의 사업에 잉여 자금을 모두 투자해도 뭔가 무언가 부정적인 일이 일어나면 단번에 잘못되어 버린다.

투자에 영향을 미치는 사실과 현상을 금융에서는 '사건'이라고 부른다. 가지고 있는 자산을 투자해 같은 위험성이 있다면, 사건이 일어났을 때에 모두 같은 영향을 받게 된다. 이것을 피하기 위해 분산이 필요하다. 예를 들면 주식투자를 생각했을 때, A 주식과 B 주식의 리스크 상관이 낮으면 낮을수록(상관계수 1에서 벗어날수록) 사건에 대한 내성이 강하다고 할 수 있다.

일반적으로 이런 투자를 분산투자라고 한다. 또한 개별 주식을 보유한 β(시장 변동에 대한 주가 감응도)에 의해 해당 주식에 투자하는 투자자의 기대 수익을 설명하는 자본자산 가격결정 모형(CAPM: Capital Asset Pricing Model. 자본시장의 균형 하에서 위험이 존재하는 자신의 균형수익률을 도출해내는 모형 - 옮긴이)이 있다. CAPM에 대해서는 기업가치 평가 부분에서 설명한다.

금융세계에서는 주식이나 환율 같은 '변동하는 것'을 다룬다. 시장에서는 변동하는 데에 돈을 걸고 있다고 할 수 있다. 여기서 복수의 것에 돈을 투자한 경우, 그들 사이 움직임의 상관관계(Correlation)가 논점이 될 수 있다. 앞에서의 A 주식과 B 주식의 움직임을 보았을 때 공분산(Covariance)에 대해 생각한다. 공분산이 플러스라면 플러스 상관, 마이너스라면 마이너스 상관, 제로라면 상관 없음을 나타낸다. 투자 전략으로서 같은 방향으로 리스크를 갖고 싶지 않다면 공분산이 마이너스인지 확인한 후, 상관이 적은 투자를 가능한 한 많이 선택하게 된다.

앞에서는 개별 주식의 이야기였지만, 주식시장 전체와 개별 주식의 관계를 나타낸 것을 β(베타)라고 부른다. β는 주식시장 전체가 상승할 때 개별 주식이 완전히 비슷한 상승을 하는지, 예를 들면, 시장이 1% 상승했을 때 개별주가 1% 상승하는지 회귀분석에 의해 나타낸다. 완전히 같은 움직임이라면 β는 1이 된다.

투자자는 리스크(불확실성)를 최대한 줄여야 한다. **현재 가치로 다시 수정된 미래의 현금흐름은 미래의 가능성이기에 불확실하다.** 예를 들면, 반드시 수익을 돌려준다고 생각되는 정부 발행 국채보다 수익율이 낮게 된다면, 불확실성이 높은 쪽에 투자하지 않고 국채에 투자하는 것이 합리적인 선택이 된다. 금융 세계에서 국채는 무위험자산이다.

주식에 투자한다는 것은 이런 리스크를 감수하는 것이기 때문에, 돈을 반드시 변제받는 대출보다 투자자가 기대하는 수익은 높아진다. **'이 정도의 리스크를 안고 있으니까, 잘 되면 이 정도의 수익을 받지 못하면'**이라는 감각이다.

투자자는 같은 회사에만 투자한다면, 어떤 일이 일어났을 때 투자 전체의 손실을 우려하여 리스크 관리 관점에서, 복수 회사에 투자할 때 분산투자하며 서로 상관이 낮은 회사를 선택하려고 한다.

정보의 비대칭성에 관심을 갖는다

주식시장에서는 온갖 정보가 순식간 주가에 반영되어 가격이 형성된다.

누군가 다른 사람을 앞질러 계속 이익을 올리는 것은 불가능하다고 할 수 있다. 이런 사고방식을 효율적 시장가설이라고 한다. 포트폴리오 이론도 이런 전제에 바탕을 두고 있지만, 물론 시장이 완전히 효율적이지는 않다.

시장에서는 판매자와 구매자 사이에 크고 작은 **정보의 비대칭성이 존재한다.** 동일한 상품이 A와 B라는 장소에서 다른 가격에 팔리면, 그 가격 차의 정보를 알고 있는 사람은 값싼 장소에서 사고 비싼 장소에서 팔아 이익을 올릴 수 있다. 이것을 재정거래(Arbitrage: 두 개 이상의 시장에서 일어나는 상품 가격차를 이용해 싼 시장에서 사서 비싼 시장에 팔아 이익을 얻음 - 옮긴이)라고 부른다. 시장에서 정보의 비대칭성이 해소되고 재정거래가 진행되면 가격은 동일하게 수렴될 것으로 판단한다.

효율적 시장가설에서는 CAPM(자본자산 가격결정 모형)으로 이론적으로 설명이 어려운 소형주 효과(시가총액이 적은 주식의 수익률이 높은 경향)나 가치주 대해서 파마/프렌치의 3요인 모형(Fama/French 3 Factors Model: 유진 파마(Eugene Fama) 시카고대 교수와 케네스 프렌치(Kenneth French) 다트머스대 교수가 주가 추이를 분석한 결과를 토대로 시가총액, 주가 순자산 비율(PBR), 시장 등 3가지 변수 즉, 3요인(Factor) 모형을 제시한 이론. 시가총액이 작고 PBR이 낮은 종목일수록 초과수익을 올리는 데 유리하다는 것 - 옮긴이) 이론이 더 나은 증명을 하고 있으므로 관심 있는 분들은 참고하기 바란다.

주식이나 채권 트레이딩(Trading: 주식이나 채권, 외화를 사고파는 것 - 옮긴이)은 완전히 효율적이지 않은 시장에서는 시장왜곡을 찾음으로써 재정거래를 하고 수익을 올리는 것이다. 물론, 시장왜곡이 시정되면 재정거래의 기회는 사라진다.

펀드 매니저처럼 시장에서 수익을 노리는 선수들의 승패는 닛케이 평균 주가나 토픽스(TOPIX: 도쿄 증권거래소에 상장된 기업 1,669개를 대상으로 산출한 일본 증시지수 - 옮긴이)지수를 벤치마킹하고, 지수 수익으로 승패 여부를 측정한다. 개별 주식을 매매하고 적극적으로 투자해나가려면 매매수수료도 고려해야 한다. 그런 펀드매니저의 실력이 지수보다 못하다면 처음부터 개별 주식이 아닌 지수에 연동된 ETF(Exchange Traded Funds: KOSPI 200, KOSPI 50과 같은 특정 지수의 수익률을 높이도록 설계된 지수연동형 펀드 - 옮긴이) 같은 금융 상품을 사는 것이 좋다.

MEMO

05.

기업금융을 이해한다

투자자는 항상 좋은 비즈니스 아이디어를 찾고 있다. 기존 기업이 신제품을 출시하고 새로운 사업을 시작하면, 그 사업의 성장을 기대해 회사 주식을 사게 된다. 이것은 장래성을 보고, 새로운 사업에서 창출된 현금흐름을 기대해 주식을 사는 것이다.

기업금융이란 무엇인가?

그러면 여기까지 이해한 금융 개념을 활용해 기업금융(Corporate Financing)에 대해 생각해본다.

회사는 특정 비즈니스 아이디어를 위해 시장(투자자)이나 은행(채권자)으로부터 자금을 조달하고 그 사업을 위해 투자하며, 사업으로부터 얻은 수익을 재투자해 사업 규모를 확대하거나 투자자나 채권자에게 수익을 분배하기도 한다. 기업금융이란 기업의 자금조달 방법을 생각하는 것이다.

[P/L, B/S, C/F의 구조]

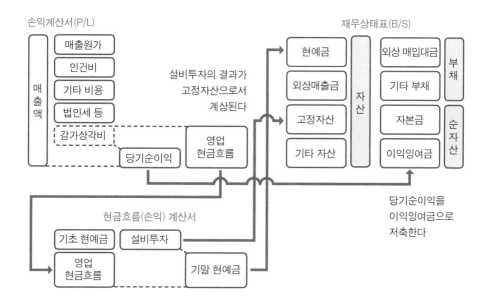

돈을 벌 수 있는 아이디어에 투자하고, 돈을 벌면 배분한다는 개념은 동인도회사 때부터 변하지 않았다. 현재는 옛날 대항해시대의 보물찾기 같은 프로젝트보다, 회사에 영속성이 있고 장기적인 기업가치의 확대가 목표가 된 것이 다른 점이다.

투자자와 채권자의 시점을 비교한다

여러분이 한 기업에 투자나 대출을 고려하고 있다고 하자. 금융업 종사자는 주식을 자기자본(Equity), 대출을 타인자본(Debt)이라고 부르는 경우가 있다. 먼저, 돈의 투자(주식)와 대출은 다른 것이다.

[의결권 주요 권리]

의결권 소유 비율	주요 권리
3%	• 장부 열람권 • 업무 집행에 관한 검사역 선임 청구권, 주주총회 소집 청구권, 임원 해임에 관한 소송 제기
33.4%	• 주주총회 특별 결의사항의 부결
50.1%	• 주주총회 보통 결의사항의 가결
66.7%	• 주주총회 특별 결의사항의 가결

투자하면 회사 주식을 취득한다. 주식은 회사 소유권을 세분한 것이라고 할 수 있다. 주주는 지분 비율에 의해 회사 경영에 참여할 권리인 의결권

을 가질 수 있다.

한편, 주식은 대출과 같이 일정한 이자 지불이 있는 것은 아니다. 이익이 발생했을 때 주식 배당이 있을 가능성이 있지만, 그것도 이익의 여부에 달려있다. 그리고 회사 사업에서 수익이 창출되어 기업가치가 커지면 회사 소유권을 세분한 주식가치와 주가가 올라간다. 회사가 부도 나면 출자금액은 반환되지 않는다.

[사업가치와 현금흐름의 개념도]

투자자는 항상 좋은 비즈니스 아이디어를 찾고 있다. 기존 회사가 신제품을 출시하고 새로운 사업을 시작하면, 그 사업 성장을 기대하여 회사 주식을 사게 된다. 이것은 장래성을 보고, 새로운 사업에서 창출된 현금흐름을 기대하여 주식을 사는 것이다.

돈을 벌 수 있는 아이디어가 있는 회사라는 '블랙박스'에 투자하면 현금을 만들어준다. 회사의 기업가치는 미래의 현금흐름으로 결정된다. 투자자는 미래의 현금흐름의 합계를 현재 가치에 적용하여 그 금액을 현재 가치와 비교한다. 현재 가치로 변환 가치에 투자하는 것은, 황금알을 낳을 거위를 지금 당장 사두는 것과 같다.

기업가치란 무엇인가?

회사란 현금흐름을 창출하는 '블랙박스'라고 설명했는데, 그 회사가치에 대해 생각해본다. M&A 등에서 사용하는 '저 회사는 얼마짜리인가?'라는 말이다. 이런 가치평가를 밸류에이션(Valuation: 현재 기업의 가치를 판단해 적정 주가를 산정해내는 기업가치 평가 - 옮긴이)이라고 부른다.

밸류에이션에서는 사업가치, 기업가치, 유이자 부채 가치, 주주가치, 시가총액이라는 용어들이 나와 헷갈리기 때문에 알기 그림으로 쉽게 정리해본다.

[여러 가치의 관계도]

사업가치 (Fair Value of Business)	비사업용 자산가치 (Non Operating Assets)	기업가치 (Enterprise Value)	유이자 부채 가치 (Net Debt)	주주가치 (Equity Value)	시가가치 (Market Capi- talization)

기업가치는 유이자 부채와 주식으로 분배된다

여기에서는 기업가치의 정의식(式)을 기억해두기 바란다.

기업가치(Enterprise Value = EV) = 주식 시가총액 + 순부채(Net Debt)

순부채 = 총 차입금 - 현금

주식 시가총액 = 주가 × 발행주식 수

따라서, 만약 발행주식 수 1만 주, 주가 만 원, 장기 차입금 2천만 원, 현금 1천만 원의 회사가 있다면, 주식 시가총액 1억 원(1만주×만 원), 순부채 천만 원(2천만 원-1천만 원)이 되고, 기업가치는 1억 1천만 원(1억 원+1천만 원)이 된다.

기업가치는 어느 정도의 현금흐름을 창출해낼까, 어느 정도의 자산 규모를 가지고 있는가로 결정되는데, 그 산정 방식으로는 크게 세 가지가 있다.

1. 시장접근법(Market Approach): 주식시장을 참조해 산정하는 유사회사 비교법 등

2. 주식접근법(Stock Approach): 현재의 자산가치로 산정하는 시가 순자산법

3. 수익접근법(Income Approach): 기업이 미래에 창출할 현금흐름을

현재 가치로 산정하는 DCF법

실무적으로는 가치평가를 할 때 여러 가지 방법을 사용하고, 해당 영역에서 대략적인 기업가치가 산정된다. M&A에서는 그 영역을 기본으로 하여 협상을 진행한다.

유사회사 비교법은 현금흐름을 참조한 EV(기업가치)/EBITDA 배율에 의해 기업가치를 산정하는 방법이 일반적이다. 또한 상장 주식에서는 PER(주가수익률 = 시가총액/순이익, 또는 주가/1주 당 순이익)도 자주 사용된다. 배율을 멀티플(Multiple)이라고도 부른다. EBITDA(Earnings Before Interest, Tax, Depreciation and Amortization)는 영업이익+감가상각비로 구한다. 주가는 미래의 현금흐름을 반영하는 것이라고 생각하기 때문에, 보통은 예상 EBITDA를 사용한다. 산정할 때에는 업종 등을 참고로 동일 업계(Sector)의 복수 회사를 선정하고 EV/EBITDA에 의해 배율을 산출하며, 기업가치를 산정하고 싶은 회사의 EBITDA에 배율을 건다.

이 방법은 간단하고 편리한 계산으로 대략적인 기업가치를 산정하는 것인데, 평가 대상 회사의 개별 내용이 반영되지 않는다는 점이 있다. 그 때문에 초기 시장의 기대치와 규모를 파악하는 데에 적합한 평가방법이라고 할 수 있다.

M&A에서 배운 내 경험으로는 어디까지나 감각적인 것이지만, EBITDA 배율 5배 부근은 싸고, 10배 이내라면 적정하며, 10배를 넘는다면 비싸고, 15배를 넘으면 매우 비싸다고 판단한다.(내 감각은 투자은행의 은행가보다 기업경영자에 가까워 은행가보다는 보수적일지 모른다).

시가 순자산법은 기업의 시가 평가 후의 순자산을 사용하기 때문에 이해하기 쉽고 객관적인 방법이지만, 기업의 미래 현금흐름이 반영되어 있지않다.

기업가치를 계산한다

그러면 가장 자주 사용하는 수익접근법(Income Approach)인 DCF법(Discount Cash Flow Model)에 의해 기업가치를 평가해본다.

DCF법에 의한 가치평가를 해설한 책은 매우 많지만, 실무에서 가장 중요한 것은 잉여현금흐름(Free Cash Flow: FCF)의 예측이다. FCF는 기업이 사업을 운영해 창출한 현금으로 주주와 채권자에게 배분할 수 있고, 사업을 계속하는 데에 필요한 운전자본과 설비투자를 제외한 현금이다.

DCF법은 미래에 창출될 FCF의 합계를 자본비용으로 할인하여 현재 가치를 구하는 밸류에이션이기 때문에, FCF의 예측을 잘못하면 기업가치 자체가 틀리고 만다. **DCF법은 FCF 예측에 상당히 의존한 방법**이라고 할 수 있다. 이 예측에는 금융지식이 아니라 사업에 대한 올바른 견해가 필요하다. DCF법은 FCF 예측만 확실히 할 수 있다면, 다음은 저절로 계산된다.

FCF 예측은 재무모델을 엑셀로 짜고 P/L(손익계산서)의 과거 업적 추이나 경제환경 변화 등의 전제 조건을 놓고 복수의 시나리오를 짠다. 통상적으로는 크게 최상(Best), 보통(Normal), 최악(Worst)의 세 가지 유형으로 작성하고 거기서 시나리오를 나눈다. 매출이나 비용에 영향을 미치는 '결정요인(driver)'을 설정하고, 고객숫자라면 신규 고객과 기존 고객 같은 수치를 전제로 하여 변경할 수 있도록 엑셀 파일을 가공한다.

DCF법의 계산 과정(process)은 ① FCF를 예측하고, ② 자본 비용(cost)으로부터 할인율을 계산하고, ③ 기업의 계속가치를 계산하고, ④ FCF의 현재가치를 산정한다.

그러면 기업가치가 산정되기까지의 세밀한 계산 단계를 살펴보자.

먼저, 대상 기업의 손익계산서(P/L)와 재무상태표(B/S)를 참조해 미래의 현금흐름(FCF)을 계산한다. FCF는 P/L의 이익과 다르기 때문에 P/L의 이익에 대한 가공이 필요하다. 우선, NOPAT(Net Operating Profit After Tax, 세후 영업이익)를 계산한다. 예를 들면, 도쿄의 외형 표준 과세 적용 법인의 실효세율은 2014년 38.01%다. (한국 법인세율은 2016년 기준 22%다.)

세후 영업이익(NOPAT) = EBIT(영업이익) × (1-실효세율)

NOPAT가 나오면 FCF를 계산한다. 감가상각비는 실제로 현금이 나가지 않기 때문에 P/L로 돌아오고, 설비투자는 현금이 나가지만 자산으로 계상되기 때문에 P/L의 비용에 포함되어 있지 않다. 하지만 실제로 현금이 나가기 때문에 차감한다.

미래 현금흐름(FCF) =
세후 영업이익(NOPAT) + 감가상각비 - 설비투자액 - 운전자본 증가액

설비투자액 = 전년부터의 고정자산 증가액

운전자본(Working Capital) =

(매출 채권 + 재고자산 + 기타 유동자산) - (매입 채무 + 기타 유동부채)

　DCF법에서는 FCF를 기업 자금조달에 필요한 비용인 가중평균 자본비용에 할인한다. 가중평균 자본비용은 자기자본비용과 타인자본비용의 가중평균으로 구성되어 있다. 주주자본 비용과 부채 비용은 별도로 계산한다.

　자기자본비용은 배당이 아니라 주주의 기대수익이다. 그것을 CAPM (Capital Asset Pricing Model: 자본자산 가격 모델)을 이용해 계산한다. 투자에 공통되는 무위험 비율로 개별 기업의 리스크를 가미해 나타낸 것이 다음 식이다.

자기자본비용 = 무위험수익률 + β × 시장·리스크 프리미엄

무위험수익률: 신규발행 10년 국채이자율 적용

β: MSCI사 BARRA나 블룸버그사의 데이터를 참조한 개별 기업의 수치

시장·리스크 프리미엄 = (시장기대수익률 - 무위험수익률) = 이봇슨·어소시에이트(Ibotson Associates)사의 데이터 등을 참조하면 일본의 주식시장에서는 5.5~6.5 %

　다음으로 부채 리스크인데, 지불 이자를 부채 계획의 전기와 당기 기중

평균으로 나눈 것으로 구한다.

부채 계획 = 단기 차입금 + 1년 이후 변제 기한이 돌아오는 장기 차입금 + 사채 및 장기 차입금

자기자본비용과 타인자본비용이 계산한 바로, FCF를 할인하기 위한 가중평균 자본비용(WACC: Weighted Averaged Cost of Capital, 기업의 자본비용(부채, 우선주, 보통주, 유보이익 등)을 시장가치 기준에 따라 각 총자본에서 차지하는 가중치(자본 구성 비율)로 가중평균한 것 - 옮긴이)

WACC(가중평균 자본비용) = 유이자 부채 / (유이자 부채 + 자기자본) × 부채 비용 × (1-실효세율) + 자기 자본 / (유이자 부채 + 자기 자본) × 자기자본비용

잔존가치를 계산한다. 잔존가치는 FCF 예상 기간의 최종연도의 기업가치이다. 예상 FCF 기간은 보통 5년, 길면 10년을 작성하지만, 예상 기간 후에도 기업활동이 지속된다고 가정하고, FCF가 영원히 일정한 비율의 성장을 계속한다는 전제로 영구 환원 방식에 의해 최종연도의 기업가치를 계산한다.

잔존가치는 5년간의 예상 FCF에 있으면, 5년째의 TV = 6년째의 FCF / (WACC - FCF 성장률)

WACC를 할인율(Discount Rate)에 사용하고 X년 분의 FCF를 할인한다.

실제로는 FCF에 WACC에서 산출한 할인계수를 곱한다.(여기서는 5년 간)

5년 간의 예상 FCF와 잔존가치를 WACC로 할인하여 현재가치를 계산하고, 5년 간의 예상 FCF의 현재 가치와 잔존가치의 현재 가치를 모두 더하면 기업가치가 된다.

여기서 기업가치를 정의(定義)하는 식(式)을 생각해내기 바란다.

기업가치 = 주식 시가총액 + 순부채

따라서 주식 시가총액 = 기업가치 - 순부채

순부채 = 유이자 부채(有利子負債, Liabilities with interest) - 현금

주가를 계산하려면 주식 시가총액/발행 주식 수가 되고, DCF법에 따라 산출된 주가를 이론주가(理論株價)라고 한다. 여러분이 예측한 사업 시나리오로부터 FCF가 예측되고, 거기에서 기업가치가 산정된다. 산정된 이론주가와 현재 주가를 비교하면 주가가 낮은지 높은지 알 수 있다. 즉, 여러분이 생각한 사업 시나리오에서 현재 주가가 과대평가인지 과소평가인지 나타낼 수 있다.

어떤가? M&A에서 사용하는 기업가치 평가도 이것만 기억해두면 기본적으로 계산이 가능하다. 두려워할 필요가 없다.

[기업가치 평가(Valuation) 모형(Model)]

가치평가 (예시 · 간이수입)

(천만 원)

	1년째	2년째	3년째	4년째	5년째	잔존가치
영업이익(EBIT)	5,000	6,000	7,000	8,000	9,000	10,000
+ NOPAT(영업이익×(1-실효세율))	3,100	3,720	4,340	4,960	5,580	6,200
(실효세율)	38%	38%	38%	38%	38%	38%
+ 감가상각비	500	500	500	500	500	500
- 설비투자액	500	500	500	500	500	500
- 운전자본 증가액	0	0	100	100	200	200
잉여 현금흐름(FCF)	3,100	3,720	4,240	4,860	5,380	6,000
잔존가치						75,184
현재 가치의 할인계수(=1/(1+WACC))	0.92609	0.85765	0.79426	0.73556	0.68120	0.68120
FCF의 현재 가치	2,870	3,190	3,368	3,575	3,665	51,216

WACC	8.0%
FCF의 영구성장률	0.0%
5년째까지의 FCF 현재 가치의 합계	16,669
잔존가치의 현재 가치	51,216
기업가치	67,884

* WACC는 별도 계산

경영자와 주주의 이해관계를 조정한다

국채나 기업이 발행하는 사채 같은 채권이라면, 매 분기마다 일정액의 금리가 지불되고 만기가 되면 원금이 돌아온다. 국채는 투자자가 국가에게 대출하는 것과 같다.

한편 회사 주식을 구입한 경우, 구입자는 주주가 된다. 주주는 회사 일부를 소유하지만 경영에 대해서는 경영자에게 위임한 상태가 된다. 그 때문에 주주는 대출이나 부채와 같이 일정액을 지불받는 것이 약속되어 있지 않다. 경영자에게 기업가치 즉, 주식가치의 향상을 맡기게 된다.

여기서 대리인 문제(Principal-Agent Problem)가 생길 수 있다. Principal은 '주체(主體)'이고 Agent는 '대리인(代理人)'을 뜻한다. 주주가 주체이고 경영자가 대리인이다. 주주는 경영자에게 경영을 위임하고 경영자는 회사 이익을 위해서 최대한 노력을 해야 하는 것이다.

주주가 회사 내부의 일을 구석구석까지 아는 것은 현실적으로 불가능하다. **주주와 경영자 사이에도 정보의 비대칭성이 존재한다.** 주주는 주식 배당을 많이 받고 싶어한다. 반대로 경영자는 자신의 보수를 많이 받고 싶어한다. 이와 같이 주주와 경영자 사이에는 서로 다른 인센티브가 존재한다.

이처럼, **주주라는 주체와 경영자라는 대리인 사이의 이해 조정을 위한 설계를 하는 것**이 기업지배구조(Corporate Governance) 목적의 하나이다.

경영자의 인센티브는 그 책임과 보수에 의해 설계된다. 경영자의 의무와 보수에는 구체적으로는 다음과 같은 것이 있다.

- 임무 해태책임

경영자가 임무를 소홀히 하여 회사에 손해가 생겼을 때, 회사 및 제3자에 대해서 손해배상 책임이 발생한다.

- 이익상충 거래의 금지

경영자 개인과 회사 이익이 상충하는 거래는 원칙적으로 금지되어 있고, 만약 거래를 할 경우에는 자사의 승인이 필요하다.

- 경쟁 방지(競業禁止: 상법상 일정한 자에 대해, 특정인의 영업과 경쟁해 이익을 얻는 것을 금지하는 일 - 옮긴이) 의무

자사와 경쟁하는 사업을 별도 회사나 개인으로 하는 것은 원칙적으로 금지되어 있고, 만약 거래할 경우에는 자사의 승인이 필요하다.

경영자 보수 제도에는 고정보수, 변동보수(업적 연동보수와 스톡옵션)가 있다. 경영자는 사업을 위해 자금을 조달하고 주주에게 적절한 정보를 공개하여 정보의 비대칭성을 해소하려고 한다. 이것은 자금 제공을 받아 발생하는 경영자의 설명 책임이라고 할 수 있다.

주주 쪽에서는 자금을 제공했기 때문에 정보가 닫힌 밀실에서 경영하는 것을 싫어한다. 가장 두드러진 예가 사장이나 경영자 등의 경영진 선임이다. 일본 기업에서는 관례적으로 현재의 사장이 후임으로 두고 싶은 사장을 불러내, '다음 사장은 너다'라는 식으로 인선해왔다. 현재의 경영진은 후계자 인사라는 강력한 무기가 있었던 것인데, 이런 인사가 정말 적절한지 주

주에게 설명할 책임이 생긴다.

다음의 최고 지위를 결정하는 과정의 가시화는 궁극적으로 기업지배구조라고 할 수 있다.

벤처기업은 상장(IPO)을 목표로 하는 경우가 많은데, 상장은 주식매각이익(Capital Gain)에 의한 창업자 이득을 위한 것뿐만 아니라 주주를 늘리고 자금 조달을 두루 넓게 하는 수단이다. 이를 위해 상장에 의해 더 상세한 정보 공개가 필요해지고, 주주로부터 규율이 요구되는 것은 당연하다. 바꿔 말하면, 정보 공개를 하고 싶지 않고 주주에게 뭔가 말하고 싶지 않은 회사는 상장하지 않으면 된다.

대리인 문제는 주주와 경영자의 관계뿐만이 아니라 직원이나 거래처라는 기업 이해관계자 사이에도 있다. 또한 정책에 대해 국민과 정치인, 관료라는 관계에도 있다. 국민은 유권자로서 정치인에게 강하게, 정치인은 관료에게 강하게, 관료는 국민에게 강력한 힘의 관계 안에서 본래의 주체인 국민(납세자)을 위한 정책이 이루어지는지 여부의 문제다.

또한, 정부가 특정 분야의 성장을 촉진시키는 타깃팅 정책을 취했을 때, 취지 자체가 맞더라도 그 정책을 실행하는 외곽단체나 기구가 대리인으로서 효율적으로 움직이지 않으면 정책은 실패한다. 정책의 실행 부처가 정책 취지를 망각하고 관료조직의 자기보존을 위해 움직이는 것은 대리인으로서 자주 있기 때문에, 그것을 예측하는 지배구조가 필요하다.

비즈니스나 정책에서도 대리인 문제 관점에서 인센티브 설계를 생각하는 것은 알아두어야 할 프레임워크 중 하나이다.

금융은 설계하는 것

여러분이 금전소비대차계약에 의해 회사에 돈을 빌려주면 그 대출의 채권자가 된다. 은행 대출의 경우 회사는 금리에 따라 이자를 지불하고, 일정 기간이 경과하면 원금 변제를 한다. 주식과 크게 다른 것은 원칙적으로 대출은 변제되는 돈이라는 것이다. 회사가 경영 부진에 빠졌을 때 회사 자산이 매각되기도 하여 현금으로 바꿀 수 있고, 주식에 우선해 돈이 돌아온다.

어쨌든 대출은 대출처인 회사의 변제 능력을 본다. 이자를 내라고 주고 원금을 변제해준다면, 사업에서 발생한 현금 흐름이든 땅을 사서 만든 현금이든 뭐든지 상관없다. 극단적으로 말하면, 채권자가 부동산을 담보로 잡아둔다면 회사가 경영 부진에 빠지더라도 부동산을 매각해 대출을 변제해 나가면 문제가 없다.

여기까지는 투자자(주주)와 채권자라는 돈의 출자자 쪽에서 보아왔지만, 이번에는 아이디어를 가진 여러분이 금융을 설계해보기 바란다. 이 '금융'은 협의의 '자금 조달'을 의미한다. 회사의 자본 구성(B/S, 즉 대차대조표)의 설계를 하는 것을 구조화라고 부른다.

회사는 자금 조달을 하고 사업에 필요한 투자를 하며 사업 활동을 경영하고, 재투자하는 것으로부터 성립되지만, 자금조달을 생각할 때는 ① 사업 필요 자금과, ② 가정된 수익의 두 가지로부터 생각한다. 이것은 회사가 아니라 하나의 프로젝트에서도 마찬가지이다. 검토할 때는 모형을 엑셀로 짠다.

사업에서는 인건비나 설비투자 등에 사용되는 자금이 필요하다. 수익이

재투자될 때까지는 보유하고 있는 현금으로 조달하지 않으면 안 될지도 모른다. 이 경우, 보유 자금은 사용하지 않는다. 자금 조달 방법으로는 ① 주식의 발행, ② 차입 두 가지가 있다. 주식을 발행하면 그 돈은 자기자본에 넣을 수 있다. 주식은 변제 필요가 없지만, 의결권을 주주에게 양도하지 않으면 안 된다. 회사에 뭔가 자산이 있다면 그것을 담보로 차입(Loan)을 하는데, 이자 지불을 할 수 있을지 여부에 대한 검토가 필요하다. 물론, 주식 발행과 차입을 조합해 자금 조달을 할 수도 있다. 앞에서 서술한 바와 같이 투자자와 채권자가 무엇을 보고 돈을 내어주는지 생각해야 한다.

우선주는 대체로 보통주보다 우선적으로 배당금을 받거나, 회사 재산을 우선적으로 받는 권리 내용을 설계할 수 있다. 이와 같이 보통 주식보다 경제적으로 우대하는 대신, 통상적으로는 의결권에 대해서 제한된다. 우선주를 사용해 '경제적 수익은 넉넉해지므로, 경영에 개입하지 말라'라는 경영자의 의도를 수렴한 재정 설계도 가능하다.

간단히 말하면, 투자은행이나 증권사에 의한 재무 조언은 이런 **자금 조달을 하고 싶은 기업과 자금을 효율적으로 운영하고 싶은 투자자를 연결시켜 일치시키고, 그들의 요구에 맞는 재정 설계를 하는 것**이다. 그 때에는 돈의 출자자 측(투자자)의 특성이나 요구에 대한 식견이 있는 것이 부드러운 재정을 가능하게 한다. 즉, 같은 투자자라도 고위험·고수익 목표의 벤처 캐피털과 안정적인 운용을 선호하는 연금펀드는 지향하는 투자 대상이 다르다.

금융사고는 항상 본질로 돌아가서

'**지금 안고 있는 리스크는 무엇인가? 기대하는 수익은 무엇인가?**'가 금융의 최대 질문이다. 2008년에 일어났던 미국의 서브 프라임 사태의 발단이 된 리먼 쇼크에서도 '가지고 있는 리스크'가 중요했다.

서브 프라임 모기지로 불리는 저신용자용 주택 대출은, 등급 높은 다른 채권과 조합해 편성함으로써 복주머니처럼 증권화되어갔다. 그 복주머니에는 포트폴리오 이론에 의해 아주 복잡하고 이해하기 어려운 계산이 이루어진 결과, 리스크는 경감되어 있다고 쓰여 있었다. 그런 복주머니를 높은 수익을 요구하는 투자자들이 싸우듯이 산 것이다. 원래 수익 원천(기초재산)은 저소득자층의 주택 대출 변제 돈이었던 것이다. 이것은 아무리 금융상품으로서 계산되고 혼합되었더라도, 가지고 있는 리스크는 변제율이 낮은 주택 대출이라는 점을 떠올리도록 해야 했다. 서브 프라임 모기지 대출에 의해 머리 좋은 사람들이 있는 금융기관 중 몇 군데는 파산했고, 나머지는 존폐 위기에 처했다.

금융사고에서는 늘 기본과 본질로 돌아가고, '**이해할 수 없는 데 투자하지 않는다**'라거나 '**언제라도 외환이나 증권의 보유 중 해소할 수 있는 데에 투자한다**'는 태도를 취하는 것이 중요하다.

한편, 사업 투자를 받으려면 투자자에게 사업 내용을 이해시키고 투자자의 요구에 맞는 자금을 조달하며, 높은 위험(High Risk)·높은 수익(High Return)이 좋은 것인지 그렇지 않으면 안정된 배당이 바람직할지 위험·수익을 설계하는 것이 금융이다.

비즈니스와 계약은 분리되지 않는다

비즈니스에서 거래가 이루어질 때에 계약은 필수다. 전문가라면 계약서나 법률로 아는 것이 아니라 법적으로 생각할 수 있어야 한다. 여러분이 프로그래머라면 계약서에 대해 잘 알 것이다. 계약서도 프로그래머도 정확한 정의와 참조를 하지 않으면 움직이지 않는다. 또한 정형화된 모듈을 사용함으로써 작성을 효율화할 수 있는 점도 비슷하다.

여기에서는 비즈니스에서 '계약'을 예로 들어 그 흐름을 생각해보자(일본국법에 의한다).

계약은 **'2인 이상의 의사표시의 합치에 의해 법적 효과가 발생하는 법률행위'**라고 정의된다. 이것은 계약서가 없더라도 구두 의사 표시가 있으면 성립한다. 비즈니스에서 계약서를 체결하는 것은 편의점에서 커피를 사기 위해 돈을 지불하는 일상적인 행위와 다르다. 비즈니스 계약은 고액의 거래에 대해 나중에 '말했다, 말하지 않았다' 라고 분쟁이 될 일을 피하기 위해서이다.

예를 들면, 매매계약은 '당신에게 목적물을 판매합니다'라는 신청과 '그 목적물을 구매합니다.'라는 승낙에 의해 계약이 성립한다.

계약이 성립되면 '권리 의무'가 발생한다. 이것이 중요한 부분이다. '권리'란 ~할 수 있다'라는 것이고, '의무'란 ~하지 않으면 안 된다'는 것이다. **이 '권리'와 '의무'는 항상 대응 관계에 있다.** 일단 계약이 성립되면 계약 당사자는 마음대로 의무 이행을 취소하거나, 권리 의무의 내용을 변경하는 것은 원칙적으로 불가능하다.

매매 계약이 성립되면 파는 사람은 사는 사람에게 대금을 청구할 권리가 발생하고, 사는 사람은 파는 사람에게 목적물을 인도받을 권리가 발생한다. 이런 '사람에 대한 청구권'을 '채권'이라고 한다. 한편, 사는 사람 쪽에서 보면 파는 사람에게 대금을 지불할 의무가 있고, 파는 사람 쪽에서 보면 목적물을 인도할 의무가 있다. 이와 같은 의무를 '채무'라고 한다. 계약이 성립하면 법적 효과로서 '채권, 채무'가 발생한다는 것을 기억해두기 바란다.

계약의 법률관계를 생각하는 데에는 **누구와 누가, 어떤 채권 채무를 가지고 있는가**를 정리하는 곳에서 시작한다.

계약에는 통상적으로 조건이나 기한이 있다. 조건이란 미래에 실현될지 확실하지 않은 계약 효력을 관련짓는 것이다. 조건에는 두 종류가 있다. 하나는, 어떤 사실이 일어나면 계약 효력이 발생하는 것이다. 이것을 정지조건(停止條件)이라고 한다. 다른 하나는, 어떤 사실이 일어나면 계약의 효력이 없어지는 것이다. 이것을 해제조건(解除條件)이라고 한다.

계약 기한은 시기가 오면 효력이 발생하는 시기(始期)와, 시기가 오면 '12월말에 계약을 종료한다'와 같이 계약 효력이 소멸하는 종기(終期)가 있다. 차입 등에서 '기한의 이익'이라는 용어를 자주 사용하는데, 이것은 기한이 찾아와도 지불하지 않아도 되는 이익을 말한다.

매매 계약의 성립에 의해 발생한 채권 채무는 목적물이 인도되고, 대금이 지불되면 소멸한다. 이것을 '**변제**'라고 한다. 만약 서로 상대에 대해 동일한 금액의 채권 채무를 가진 경우, 그것들에 의해 '**상쇄**'하는 것도 가능하다.

계약이 채무자의 책임으로(책임으로 귀결되어야 할 사유에 의해) 이행되지 못했을 경우, '**채무 불이행**'이라고 한다. 채무불이행에는 세 가지 유형(pattern)이 있다. ① 이행 지체 = 기일에 늦는 것, ② 이행불능 = 이행이 완전히 불가능해지는 것, ③ 불완전이행 = 이행이 불완전한 것 등이다.

이와 같이 계약이 있음에도 채무 불이행이 된 경우의 대처 방법은 ① 강제 이행 = 법원에 의해 이행을 강제하는 것, ② 손해배상 = 채권자가 채무자에게 계약 불이행으로 생긴 손해 배상을 청구하는 것, ③ 계약 해제 = 계약이 없었던 상태로 돌아가는 것 등이 있다.

계약의 기초를 이루는 사고방식을 살펴보았다. 비즈니스에서 계약서란 거래 내용을 문서로 옮겨놓음으로써 관계자의 권리 의무를 명확히 하기 위한 것이다.

계약서에서는 계약 주체나 목적물, 채권 채무를 확인하고 관계자의 경제적 부담의 균형을 본다. 계약서를 만든다는 것은 관계자 간에 위험(Risk)의 배분을 설계하는 것이다. 금융 실무라면 모형을 엑셀로 작성하고 경제성을 검토한 다음, 계약에 의해서 당사자 간의 권리 의무를 규정하고 특정한 행위를 촉구한다. 또한, 가정되는 사실과 현상에 대해 명시적으로 기재함으로써 나중에 분쟁이 될 일을 예방한다.

또한, 비즈니스에서 분쟁이 일어났을 때에도 누구와 누가 어떤 대립을 하고 있는지, 어떤 채권채무가 있는지에 주목한다. 변호사라면 이와 같이 법적 논점을 발견하고 조문과 판례를 참조하는데, 비즈니스 종사자라면 자신의 업무와 관련된 조문과 판례를 잘 알아두는 것이 중요하다. 분쟁에 대해 변호사에게 상담할 때에도 대립 사실 관계를 상담 전에, 분명히 한다면 시간과 비용을 줄일 수 있다. 판례를 읽는 것은 어렵지만 평소 열흘 간격으로 나오는 순간(旬刊) 『상사법무(商事法務)』를 읽음으로써 최근 일어난 비즈니스 상의 법적 논쟁에 대해 알 수 있다.

비즈니스에서 법률이나 계약을 피하지 말자.

Part 3

자본·업무제휴 시뮬레이션 편

01.

해외 기업과 자본·업무제휴를
할 수 있는 능력을 키운다

전문가라면, 그때까지 아무리 시간을 낭비했다고 해도 당초의
전략적 목적을 달성할 수 없는 거래는 중지해야 한다.

자본·업무 제휴에는 사업, 재무 회계, 재정, 법무, 협상, 어학 능
력이 단기에 집중적으로 필요하며, 회사 안에서 사다리를 떼어
내지 않기 위해 사전 협상이나 설명이라는 정치적 기술도 필수
다. 그런 의미에서 자본·업무제휴 프로젝트에는 전략가에게 필
요한 내용이 잔뜩 쌓여있다고 할 수 있다.

아이디어는 확실히 실행한다

지금 세상에서 가장 가치 있는 것은 아이디어다. 아이디어는 실행하지 않으면 의미가 없다.

매일 새로운 비즈니스를 뉴스에서 보고 있지만, 이미 많은 것이 누군가 생각하던 내용들이다.

'저 아이디어는 내가 생각했던 것인데 말이야~' 라고 말하지 말고, 아이디어가 생각났다면 실행하자. '3D 프린터는 요리에 적합하다고 생각했다'거나, '일본의 해저에는 메탄 하이드레이트(Methane Hydrate)가 매장되어 있다고 생각했다'와 같이 실행을 기다리는 아이디어는 세상에 무수히 많다. 아이디어가 좋으면 자금도 따라올 것이다.

전문가로서 부가가치를 창출하는 데에는 두 가지 방법을 생각할 수 있다.

첫 번째는 멋진 비즈니스 아이디어를 계속 구상할 수 있는 것. 예를 들면, **'자사 제품에 타사 기술을 적용하여 그 고객에게 팔면 어떨까?'** 라는 아이디어를 구상할 수 있다.

두 번째는 그 아이디어를 실수 없이 실행하고 보완해 나가면서 목적을 달성할 수 있다.

이 두 가지를 할 수 있는 사람이라면 좋겠지만 그런 사람은 많지 않다. 그리고 어느 쪽이든 가치 있으며, 현실 비즈니스에서는 아이디어가 많더라도 실행력이 없는 사람보다 실수 없는 실무가가 소중히 여겨지는 것도 진실이다.

전문가로는, 아이디어를 구상하고 실행할 수 있는 능력을 향상시켜야 한다.

아이디어를 실현하기 위한 실천적 사례로는 다음과 같은 것이 있다.

혼자 해외에 나가, 현지 기업과 자본·업무제휴를 하고 올 수 있을까?

나는 기업연수 등에서 **'무엇을 할 수 있다면 전문가라고 할 수 있나요?'** 라는 질문을 자주 받는다. 경영자라면 프로젝트 내용을 이해하고 적절한 의사결정을 할 수 있는지, 실무자라면 프로젝트를 자기 힘으로 처리할 수 있는지 여부에 따라 전문가인지 아닌지 알 수 있다.

물론 스키마(Schema) 설계에 대해서는 재정고문이나 변호사, 회계사 등을 활용할 것이고, 현지조사에 대해서는 현지 컨설턴트에게 부탁하는 경우도 있을 것이다. 그러나 여러분이 컨트롤 타워가 되어 프로젝트를 문제 없이 실행하기 위해서는, 프로젝트의 목적과 전체 그림을 이해하고 상세하게 검토할 필요가 있다.

여러분이 대기업에 근무한다면, 고용하고 있는 전략 분야의 컨설팅 업체가 '분석 결과, A국의 B사와의 제휴를 고려해야 한다'라는 보고를 냈더라도, 실제 제휴실무를 담당하는 것은 여러분의 회사이고 여러분이다. 한편 증권회사나 재정고문 서비스 회사는 제휴 거래(Transaction)에 관한 한 일부분밖에 관여하지 않는다. 그리고 회사를 위해 리스크가 있는 거래를 중지하는 일은 거의 없고, 안건을 성립시키려는 인센티브가 작용한다.

전문가라면 그때까지 아무리 시간을 낭비했다고 해도, 당초의 전략적 목적을 달성할 수 없는 거래는 중지해야 한다.

자본·업무 제휴에는 사업, 재무 회계, 재정, 법무, 협상, 어학 능력이 단기에 집중적으로 필요하며, 회사 안에서 사다리를 떼어내지 않기 위해 사전 협상이나 설명이라는 정치적 기술도 필수이다. 그런 의미에서 자본·업무제휴 프로젝트에는 전략가에게 필요한 내용이 잔뜩 쌓여있다고 할 수 있다. 또한 '세계 어디를 가도 비즈니스를 창출하는 사람'의 인재 가치는 당연히 높다.

그러면, 여기서부터 실제로 해외 자본·업무제휴 실무 과정을 살펴보자.

해외 자본·업무제휴 실무

❶ 전략적 목적의 설정

❷ 제휴처의 롱 리스트·쇼트 리스트 작성

❸ 사업 계획의 책정

❹ 리스크 분석

❺ 자본정책의 책정

❻ 의향서(LOI)의 제출

❼ 적정평가 절차(Due Diligence)

❽ 계약내용 협의서(Term Sheet)

❾ 협상

❿ 최종 계약

⓫ 설립(가동)부터 모니터링(Monitoring)까지

---

① 전략적 목적의 설정

타사와의 제휴에는 반드시 경영전략 상의 목적이 있을 것이다. '어느 정도 기간에 무엇을 얻고 싶은가'라는 목적을 명확히 정의하고, 의사결정자와 내용에 대해 파악하여 프로젝트 합의(Consensus)를 형성한다.

해외 기업제휴의 경우, 현지 지사에서는 '쓸데없는 짓 하지 말라'고 생각할지 모르고, 본사에서는 '현지에 맡겨둘 수 없다'고 생각할지 모른다. 다른 회사로부터 가져온 안건을 아무 생각 없이 검토하여, 아무 생각 없이 협상을 시작하는 것은 시간낭비다.

프로젝트에서 새로운 리스크가 발생하고, 경제성이 맞지 않다고 판단한 경우, **그 자리에서 프로젝트를 중지하는 용기가 있어야 한다.** 예를 들면, 기술제휴가 목적임에도 불구하고 기술의 지적재산을 사용할 수 없다는 것을 알게 되었다면 프로젝트를 중지해야 한다. 프로젝트를 그대로 계속하고 출자한 후, 철수하는 것은 어려운 일이다.

나는 모 업체에 수천억 원을 투자하고, 시장에서 주가가 떨어지는 가운데 유동성이 고갈되고 '주식을 살 수 없는' 상황을 경험한 적이 있다. 기업제휴 프로젝트에서는 언제든지 철수 계획을 고려해야 한다. 금융적으로는 포지션(외환이나 증권의 보유상태 - 옮긴이)을 해소한다고 표현하는데, 포지션의 해소 방법이나 그 검토를 하는 것은 중요하다.

2008년 리먼 쇼크 때는 시장 유동성이 고갈되고 세계에서 쌓아올린 금융 스키마가 해소될 수 없는 사태가 되었다. 이와 같이 경제환경이 변화하는 것도 볼 줄 알아야 한다. 시장에서는 **'파티를 즐겨라, 하지만 춤을 추는**

것은 문 근처에서'라는 말이 있다.

사업 목적을 달성하기 위해 기업이 '제휴'를 선택한 경우, 다음 옵션을 비교한 결과라고 생각할 수 있다.

1. 자사만으로 사업한다.
2. 타사를 매수해 사업한다.
3. 타사와 제휴해 사업한다.

'빌리다(제휴)'를 선택하는 쪽은 다른 옵션보다 목적 달성의 실행가능성×영향력 점수에서 우위에 서는 것이다. 목적은 본질적으로 특정 고객을 향한 가치 제공이다. 목적이 명확히 정의되면 사과와 사과를 비교하는 것처럼 과정의 선택지를 비교할 수 있다.

② 제휴 측의 롱 리스트·쇼트 리스트 작성

제휴 측으로서 사업 목적의 요건을 채워줄 만한 기업을 찾아 리스트로 만들어 한 눈에 볼 수 있게 한다. '롱 리스트'는 가능성 있는 기업을 리스트업한 것이다. '쇼트 리스트'는 롱 리스트를 자세히 조사하여 실제로 접촉해도 좋은 기업들로 좁힌 것이다.

롱 리스트 작성은 기업조사 도구나 인터넷을 활용하여 조사할 수 있고, 회사 현지법인이 조사할 수도 있다. 또한, 투자은행이나 증권사는 그런 리

스트를 작성하고 있다. 단, **조사 대상은 상장 기업인 대기업으로 한정**된 것
이 보통이다. 제휴 측 후보 기업이 개발도상국의 소규모 기업이라면, 당연히
정보가 적을 것이므로 스스로 현지에 가서 사정을 청취하거나, 현지 컨설턴
트를 활용하게 된다.

③ 사업 계획의 책정

기업제휴는 어떤 사업을 시작하기 위해 행한 것이다. 기업제휴를 하게
되면 새로운 판매 채널이나 생산 공장을 확인할 수 있다. 어쨌든, 제휴에 의
해 창출될 가치에 대해서는 제휴 상대나 회사 내부에서도 사업 계획을 설명
하는 것이 필요하다.

사업 계획에 의한 예산을 가진 회사 경영진이나 외부 투자자는 의사결정
을 한다.

사업 계획은 한마디로 **'왜 버는가?'에 대한 회답**이다. 실제로 투자펀드의
투자안건 자료에는 '투자 하이라이트'페이지가 처음에 있고, **'어떤 투자 기회
를 잡아서, 어떻게 벌이를 할까'**가 간결하게 쓰여 있다.

사업 계획에 필요한 요소는 다음과 같다. 우선, 이 요소를 보충함으로서
상세히 검토해야 할 논점을 이해할 수 있다.

사업 계획의 요소

❶ 프로젝트 관련 부처의 팀 구성원 개요

❷ 비즈니스 개념

❸ 제휴 스키마(출자 방법이나 주식지분 배율 등을 포함한다)

❹ 시장과 사업 기회

   1. 시상의 정의

   2. 시장 규모의 추정

   3. 시장성장률의 추정

   4. 고객 개요

❺ 사업 경제성

   1. 수익 모형

   2. 가격 설정

   3. 사업 이정표(언제까지 고객을 획득할 예정인지 등)

❻ 시장참가 전략

   1. 판매 채널

   2. 시장에의 어필 방법

❼ 경쟁

   1. 경쟁의 개요

   2. 경쟁사와의 차별화 요인

❽ 경쟁 우위성과 리스트

   1. 자사의 경쟁우위는 무엇인가?(왜 타사를 이길 수 있는가?)

   2. 기술 또는 특허

   3. 규제 또는 진입 장벽

   4. 예상되는 사업 리스크

❾ 수치 계획(재무 모형)

❿ 재정(자금 조달 방법)

수치 계획이란 엑셀을 사용하여 모형을 짜는 것이다. 엑셀로 예상 P/L(손익계산서), 예상 B/S(재무상태표), 예상 현금흐름을 작성한다.

비즈니스의 규모감은 매출액 = 고객 수×단가×구입 빈도로 나타낸다. 이 매출액에 영향을 미치는 변수를 '가치 동인(Value Driver)'이나 '동인(Driver)'이라고 한다.

P/S 매출이 동인(Driver)을 별도 시트(Sheet)로 작성해 복수의 고객 수나 단가 유형을 작성함으로써 어떤 유형이라면 실현가능성이 있는지 검토한다. 여기서도 모형을 보면서 숫자로 대화하는 것이 중요하다.

수치 계획을 만들면 자금이 어느 정도 필요할지 모른다. 기업제휴에서는 사업을 실현하기 위해 기업끼리 사람·물건·돈을 제공하는 것인데, 사업 규모, 이익 분배에 의해 양사가 출연하는 자금이 결정된다.

④ 리스크 분석

리스크는 모든 프로젝트에 존재한다. 리스크는 두려워할 것이 아니라, 관리해야 하는 것이다.

리스크 분석의 기본은 정의하고 측정하는 것이다. 적정평가 절차(Due Diligence)에 따라 프로젝트에서 가정한 리스크를 밝혀내면 경제적으로 수치화할 수 있다.

경영진은 프로젝트에 대해 **최대한 어느 정도 손해볼까?** 걱정한다. 프로젝트가 만약 수포로 돌아갈 경우, 비용 손실을 얼마나 입은지에 대해 답변할 수 있어야 한다.

예를 들면, 해외에서 자본·업무제휴를 통해 제품을 공동으로 개발한 경우, 기술정보가 제휴 측에 흘러들어가 제품이 완성되기도 전에 제휴가 파기될지도 모른다. 물론, 계약상 비밀유지 의무나 경업금지 의무를 집어넣는 것이 보통이다. 하지만 애초에 법적 안정성을 기대할 수 없는 나라에서는 소송이 되더라도 이길 수 있을지 확실하지 않고, 이기더라도 사법 당국이 강제적으로 금지해줄지도 확실하지 않다. 물론, 소송에 의한 변호사 등의 비용 자체가 맞지 않는 곳도 있다.

리스크는 가능하면 하나씩 정량화해 리스크 헤지(Risk Hedge. 위험 분산)가 가능한지 검토한다. 기업제휴에서 리스크에 대한 대응은 다음과 같은 방법이 있다.

① 리스크를 허용한다.
② 출자금액과 같은 경제적 가치에 포함시킨다.
③ 계약에서 표명 보증과 서약 등에 포함시킨다.
④ 프로젝트를 중단한다.

기본적으로 계약에서 리스크 분산을 해나가지만, 회사 내부용 프로젝트 보고자료에는 리스크 내용, 경제적 영향력(Impact), 리스크 분산 내용을 한 세트로 만들어 MECE(상호배제와 전체포괄)로 기재하게 된다. 리스크 분산 내용은 제휴가 합의되고 공개시장조작(Operation)을 해나가면서 실행이 가능한 구체적인 것을 한다.

⑤ 자본 정책의 책정

기업 간 제휴에는 출자를 포함한 자본·업무제휴와 그렇지 않은 업무제휴가 있다. 업무제휴의 경우, 제휴 기업들의 권리·의무가 많은 계약으로부터 일반적인 거래와 변하지 않는 계약까지 있다. 한편, 출자가 이루어지는 자본·업무제휴에서는 출자비율에 따라 달라지지만, 단지 업무제휴보다 해소하기 어려운 강도 높은 제휴가 된다.

자본·업무제휴에서는 출자 즉, 기업 주식을 움직일 필요가 있다. 이런 자본정책을 책정하는 것을 은행이나 M&A 은행가인 재정고문은 '구조화(Structuring)'나 '재정 배열', '융자 개시(Origination)'나 '재정 스키마'라는 다양한 명칭을 사용하는데, 의미하는 것은 대체로 같다.

자본 정책의 책정에 대해 정말 중요한 점은 역시 프로젝트의 목적이 무엇인지 생각하는 것이다. 목적을 달성하기 위해 출자가 정말로 필요한지, 업무제휴만 좋은 것은 아닌지, 이런 질문에 '네'라고 답해야 한다.

사업계획상 현금 투입이 필요하더라도 주식이 아닌 대출(융자)이라도 좋을지 모른다. 제휴 강도를 높이기 위해 확실히 주식 보유는 심리적인 '진심도를 보이는' 효과가 있는 것은 부정할 수 없다. 그러나 문제가 있을 때 제휴를 해소하기가 어려운 면이 있다. 또한, 출자 비율만 우선하는 것이 아니라 사업 계획에 근거한 필요 자금을 투입하지 않으면 현금이 잠자고 투자 효율이 떨어진다.

사업 목적의 대부분은 수익이다. 따라서 사업제휴로 생긴 시너지효과인 수익을 어떻게 배분할지가 자본정책에 영향을 미친다. 구체적으로 업무제휴에 의한 공동사업이 있다면, ① 비용과 이익 배분은 양사에서 어떻게 이루어지는가? ② 출자에 의해 취득한 주식은 배당을 하는가? ③ 사업지속을 위한 투자는 수익으로 충당하는가? 추가 산출은 필요한가? 이런 것들을 미리 정해둘 필요가 있다. 꼼꼼히 따져보면, 제휴로부터 생긴 복수의 현금흐름이 제휴의 시너지효과라고 할 수 있다.

자본제휴는 크게 세 가지로 나눈다.

① 일방적인 출자
② 양사 출자에 의한 주식 보유
③ 양사 출자에 의한 합작회사(Joint Venture: JV)

이런 자본정책 책정은 전문가의 도움이 필요하다. 그러나 해외라면 기획에서 세무관계상 장·단점이 반드시 있기 때문에, 현지 세무변호사나 회계사 등 전문가와 상담하는 것이 좋다.

③의 합작회사를 설립할 경우에는, 내 경험상 50:50 출자 비율은 피해야한다. 어려운 비즈니스만큼 어느 한쪽이 분명한 주도권을 쥐고 성공할 수 있도록 집중해야 한다.

⑥ 의향서 제출

의향표명서(LOI: Letter of Intent)로 불리는 의향서는 공식적으로 제휴나 출자 의뢰를 할 때에 상대편에게 제출하는 서면(letter)이다. 공식적이라고 하지만 법적 구속력이 없는(Non-Binding) 구성으로 하는 것이 일반적이다.

의향서와 유사한 제안서 내용은 처음부터 제휴 상대방에게 이쪽의 의뢰하고 싶은 내용을 기재하는 경우와, '미래의 제휴를 바탕으로 토론에 들어가겠다는' 수준까지, 내용에는 강약이 있다.

일반적으로 국내에서도 제휴 후보 측과 접촉하고, 첫 번째 회의에서 이쪽에서 하고 싶은 제휴의 개요에 대해 구두로 이야기한다. 거기서 상대방 기업도 관심 있다면 비밀유지 계약(NDA = Non-Disclosure Agreement, 또는 CA=Confidentiality Agreement)을 체결하고 의향서를 제출한 다음, 상대방의 정식 반응을 기다린다. 여러분 수중에 비밀유지 계약이나 의향서 모형이 없다면 법무부나 법률사무소에서 취득한다.

비밀유지계약을 맺을 때에 상대방이 타사와 협상하지 못하도록 독점협상권(Exclusive Right)을 붙이는 경우가 있다. 독점협상권의 유효 기간은 대체로 3개월이다.

이와 같이 제휴 후보 측과 접촉하는 관심 유무를 확인할 때에, 자사의 제휴를 모색하는 움직임이나 기타 정보를 아직 기밀로 두고 싶은 경우, 고문을 고용해 제휴 후보 측과 접촉시켜 회사 이름을 밝히지 않고 가능성을 모색하는 경우도 있다.

나도 고문으로 고객으로부터 의뢰 받고 회사 이름을 밝히지 않은 채 자주 접촉하는데, M&A 투자은행은 한 쪽에 **'귀사와 자본을 제휴하고 싶어 하는 회사가 있다'**라고 전하고, 다른 한쪽에 같은 내용을 전해 자본제휴나 M&A를 만들어내는 것이 일반적이다.

이런 의미에서 여러분의 회사가 '자본제휴를 하고 싶은 기업이 있다'라는 말을 들었더라도, 상대방 기업이 정말 그렇게 말했는지 중개자가 멋대로 말했는지 확인해야 한다. 이것은 일상생활에서도 '저 사람이 네게 관심 있다고 하던데'라는 말을 들었어도 확인이 필요한 것과 같은 이치이다.

제휴 후보 측과 갖는 첫 번째 접촉에서는 첫인상이 매우 중요하다. 그래서 의향서는 '러브레터'라는 사람도 있다. 자사에서 접촉하거나 고문을 개입시켜 접촉하더라도 의향서 내용이 적절한지 확인하는 것은 당연한 것이며, 접촉하는 사람의 소통능력도 필요하다. 비밀유지 계약의 서면 교환은 전문가로서 신속 정확히 실천하기 바란다. 그것이 상대방과의 접촉에서 신용을 쌓을 수 있는 방법이다.

⑦ 매수 감사(買收監査)

매수 감사(DD = Due-Diligence)란 자본·업무제휴를 하는 상대방에 대해 사업, 재무, 법무나 환경 관점에서 문제 여부를 조사하는 것이다. 한마디로 상대방 기업이 제휴할 만한, 제대로 된 기업인지 조사하는 것이다. 주로 법적으로 정식 회사로 세워진 것인지, 회계상 갖추어지지 않은 것은 없는지, 형식적 내용과 공동사업을 함께 수행할 수 있는지의 사업 능력에 대한 두 가지 측면을 조사해야 한다.

통상 M&A에서는 전체 매수 감사 형태로 매수 대상 회사를 자세히 조사한다. 단지 업무제휴나 지분 비율 같은 부수적인 출자에서는 간략한 DD를 시행하기도 한다.

간략한 DD에서도 회사 개요, 연혁, 연차보고서, 과거 5년 간의 재무제표·세무신고서, 경영자 경력, 조직도, 관계회사 일람, 주요 거래처 일람, 주주명부, 상장사라면 미국 증권거래위원회(Securities and Exchange Commission: SEC) 같은 규제당국에 제출한 자료, 애널리스트 보고서를 입수하여 회사 개요를 파악한다. 그 위에서 프로젝트상 중요 항목에 대해 상세하게 검토한다.

참고로, M&A의 경우 대상 회사에 대해 다음과 같은 항목에 대해 초기적으로 분석·검토하게 된다.

M&A의 초기 분석

❶ 대상 시장의 정의와 규모

❷ 산업 구조

❸ 대상 기업의 시가총액이나 다중평가 (EV/EBITDA 등)

❹ 대장 기업의 개요와 사업 구조

❺ 고객 분석

❻ 원가 분석

❼ 비용·절감(Cost Cut)의 기회

❽ 타사 벤치마킹에 의한 모범 사례(Best Practice)의 기회

❾ 사업 시너지효과와 성장 기회

통상적으로 매수 감사(DD)에는 변호사, 회계사, 컨설턴트와 같은 외부 전문가들을 고용하기 때문에 비용이 발생한다. 나도 고객으로부터 자주 DD에 어느 정도 비용을 들이는 것이 적절한지 고객으로부터 자주 질문받는다. 기본적으로 자사 리스크에 부합하는 DD가 경영에 대한 책임이나 주주에 대한 책임을 설명하기 위해서 필요하다.

해외기업을 DD할 때에 일본 회계사무소나 법률사무소를 통해 현지 사무소를 조정해야 할지 여부를 결정해야 한다. 그 장점으로는 뭔가 발생했을 때 국내 사무소에서 손해배상 청구(Claim)를 할 수 있다. 단점으로는 국내 변호사 등이 현지에서 법적 조언을 하기 어렵고, 거의 통역 역할밖에 하지 않아도 보수가 발생하고 비용이 올라간다.

DD는 리스크를 발견하기 위해 하는 것이다. DD의 가장 중요한 부분은 발견 사항에 대해 계약이나 물리적 수단에 의해 수당이 가능할지 여부를 검토하는 것이다. 여러 선진국에서는 DD에서 어떤 리스크가 발견되더라도 계약에서 클로징(대가 지불)까지 그 사항을 치유하는 것을 약속 받기도 하고, 클로징 이후의 서약 사항(Post-Closing Covenants)을 약속할 수 있다. 또한 DD로 명확하게 된 사실에 대해서도 계약의 표명·보증(Representation and Warranties)에 의해 DD시점의 재무제표인 데이터가 진실하고 정확하다는 것을 보증받을 수 있다.

이런 서약이나 표명·보증은 상대방 회사가 계약을 깨는 일이 아마도 없다는 것, 그리고 이후 분쟁이 될 때 재판소나 중재기관에서 법적으로 공평한 판단을 얻을 수 있음을 전제하고 있다. 법적 환경이 정비된 국가라면 표명보증 위반 등은 경제적 가치로 치환되고 보상 청구를 다투는 것도 가능하다.

그러나 개발도상국 제휴에서는 상당히 다르게 인식해야 한다.

개발도상국 DD에서는 이런 점들에 유의할 필요가 있기 때문이다.

- 일본이나 다른 선진국처럼 체계적이고 세련된 DD는 기대할 수 없다.
- 계약서나 장부에 미비점이 많다.
- 타사와의 이용 허락이나 라이선스 문제가 많다.
- 환경 문제나 노무 문제에서 국내 상식은 통하지 않는다.

개발도상국의 법적 환경은 한마디로, '법적 예견성이 낮다'는 것이다. 이것은 비록 법률이 명문화되어 있더라도 위법 상태의 정의가 불명확하고, 행정 쪽 판단이 자의적이기 때문에 갑자기 허가 취소를 받기도 한다. 실제로 상대방이 계약상 내용에 대해 채무 불이행된 경우에도 아무도 단속해주지 않는다. 다시 말해, 법이나 계약의 속박력이 약하고 뭔가 일어나도 강행하려는 성향이 약하다.

법적 예견성이 낮은 국가에서의 기업제휴는 금지 목록(Negative List. 금지업종, 규제 업종 리스트)이나 독점금지법을 확인하는 것이 좋다. 선행 사례를 확실히 조사하고 상품이나 토지, 공장을 직접 보고 확인할 때까지 지불하지 않는 등 계약에 의존하지 않는 물리적 리스크 분산에 유의할 필요가 있다.

⑧ 텀 시트 작성

의향서를 제출하면 이쪽의 요구 사항이 제휴 측 후보 기업에 전달되고 상대방의 요구 사항도 나온다. 서로 입장이 분명해지면 양사가 참가해 제휴 검토를 위한 킥 오프 미팅을 개최한다. 여기서부터 제휴 내용에 대한 논의를 시작하고 텀 시트(Term Sheet: 계약 내용 협의서) 작성에 들어간다. 텀시트는 계약서 작성의 전 단계에서 논점 정리를 한 것이다. 논점이란 쌍방이 제공하는 노하우나 출자 비율 같은 제휴 안에서 합의 도출이 필요한 내용이다. 텀 시트에는 논점과 자사와 상대 측의 주장을 기재한다. 제휴 협상이 진행되고 각 논점이 결정되어 나가면 텀 시트는 계약서의 내용에 접근해간다. 텀 시트의 논점이 큰 틀에서 합의되고 확정한 지점부터는 변호사 등을 참여시켜 계약서 작성에 들어간다.

실무적으로 복잡한 제휴일수록 텀 시트는 중요하다. 제휴 내용에 대해 MECE에 텀 시트를 작성하고, 협상 장소에서도 텀 시트의 항목을 하나하나 확인하면서 협상함으로써 논점이 누락되는 것을 방지한다.

해외에서 영어로 협상할 때에는 텀 시트가 있어서 구두만이 아니라 서면으로 합의 내용을 확인할 수 있다. 또한 최종 계약 체결 전에 중요한 계약 내용에 대해 합의 된 경우, 확인하는 의미에서 양해각서(MOU = Memorandom of Understanding)를 맺는 경우가 있다. MOU는 기본합의서라고 부르기도 한다. MOU는 법적 구속력이 없는 경우도 있는데, 그래도 협상에서는 상대방에게 심리적 구속력을 갖게 하고 논의를 후퇴시키지 않는 데에 유용하다.

⑨ 협상

'협상'을 대학 등에서 정식으로 배운 사람은 많지 않다. 미국의 MBA나

로스쿨에서는 협상은 일반적인 수업이다. 나도 미국 로스쿨에서 '협상' 과목을 공부한 적이 있다. 해외 비즈니스 협상 상대가 기본으로 체계적인 협상 지식을 지닌 경우도 있다.

여기서는 협상의 기본 개념에 대해 설명한다.

먼저, '협상'에 대해 정의한다. 협상이란 협상 참가자의 **상대적 이익 교환**이라고 할 수 있다. 그 목적은 협상 참가자의 합의 형성(Consensus Building)이다. 협상 참가자는 각자 다른 이익을 추구하고, 각 협상 참가자의 이익추구가 상대와 조정된 결과로서 합의 도출된다. 이것은 '미리 생각해두는 결론'이 발견되는 것과 같은 의미다.

실제 협상에서 협상 참가자 전원이 다른 이익을 추구한다는 전제에 서고, 협상 전에는 그 상대적 이익을 이해하는 것이 필요하다. 이것은 자신의 조직 내외를 묻지 않는다. 여러분의 회사 내에서는 경영기획부가 진행하는 해외 제휴를 중지하고 싶어하는 사업부가 있을지도 모른다. 이런 저항세력이 내부에 있는 것은 흔한 일이다.

비즈니스에서는 한쪽이 얻으면 다른 한쪽이 반드시 손해를 입는 완전한 제로섬 게임은 거의 존재하지 않는다. 비즈니스에서는 확정된 파이를 서로 나누는 협상(Distributive Bargaining)과, 협상 참가자가 특정 조건으로 협력함으로써 새로운 통합적인 가치를 만들어내고 상호 가치를 극대화하는 통합형 협상(Integrative Bargaining) 두 가지 유형이 있다.

통합형 협상 개념은 '협상 참가자에게 객관적인 기준으로 새로운 조건을 만들어내고, 가치를 분배하라'라는 것이다. 기존의 조건에서 협상 참가자가 합의할 수 없다면, 협상 참가자 전원이 협력가능한 새로운 조건과 가치를 만들어내고, 거기서 합의한다는 것이다.

협상에 들어가기 전에, 다음 사항을 확인한다.

1. 협상 참가자
2. 의사결정자
3. 협상 기한

협상 참가자는 분명할지 모르지만, 대규모 조직에서는 여러 사람이 협상에 관련되어 있으므로, 생각하지 못한 간섭이 들어오거나 의사결정자가 상정하고 있던 인물과 다른 경우도 있다. 제휴 협상 중에도 거래처 은행이 해당 리스크에 대해 난색을 보이면 프로젝트가 중단될지도 모른다. 그 경우, 은행이 협상 참가자이고 의사결정자였다고 생각된다.

협상 기한은 매우 중요하다. 기한은 짧은 쪽이 불리하다. 상대방에게 기한이 있는 협상인지 아닌지 살펴보자.

자기 이익을 극대화하고 상대방과 합의 도출을 하는 것이 협상 성공이라고 할 수 있다. 성공적인 협상에는 다음 요소가 있다.

1. BATNA (Best Alternative To a Negotiated Agreement)
2. ZOPA (협상가능 영역 : Zone of Possible Agreement)
3. 앵커링(닻 내림, Anchoring)으로 주도권을 장악한다.

BATNA란 '**상대방으로부터 제시된 조건 외에 가장 바람직한 대안**'을 말한다.

예를 들면, 여러분은 A 점포에서 제품을 5만 원에 사려고 했을 때에, 동일한 제품이 B 점포에서는 4만 원에 팔리고 있음을 알고 알게 되었다. 만약 A 점포에서 가격인하에 응하지 않으면 A 점포를 떠나고, B 점포에서 제품을 사는 대체안을 선택할 수 있는 상황을 가리킨다. 즉, '조건을 받아주지 않으면 다른 데로 간다'는 상황이 BATNA이다.

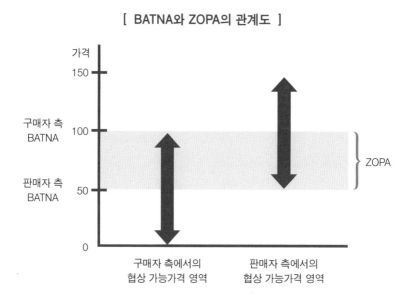

[**BATNA와 ZOPA의 관계도**]

협상에 강한 사람은 BATNA가 없는 협상에는 참가하지 않는다. 물론, 자신의 BATNA를 상대방에게 알게 해서는 안 되고, 상대방의 BATNA를 찾아야 한다. 협상에서 포지션(입장)은 자신이 더 강력한 BATNA를 가지고,

상대의 BATNA를 파악하고 약화시킴으로써 강해질 수 있다.

한 가지 더 중요한 협상 개념으로 ZOPA가 있다. ZOPA는 양자 간의 합의 능 영역을 가리킨다. ZOPA가 존재하면 합의 가능성이 있고, ZOPA가 넓어질수록 양자 간 합의 가능성은 높아진다.

예를 들면, 상품매매에서 앞의 그림과 같이 파는 쪽의 BATNA가 500원, 사는 쪽의 BATNA가 1천 원이라면 ZOPA는 500 ~ 1천 원 사이가 되고, 이 정도라면 논리적으로 합의 가능하다고 생각할 수 있다. ZOPA는 자기 측의 최대 양보 가능성과 상대방의 최대 양보 가능성에 의해 결정된다.

여기서 가리키는 ZOPA는 논점이 가격만으로 단순하지만, 실제 협상에서는 복수 논점에 대해서 파레토 최적(Pareto Optimality)을 달성하기까지 협상하게 된다.

파레토 최적이란, 경제학에서 두 명의 개인이 두 개 재화의 존재를 전제로 재화를 분배할 때에 한 명의 효용이 다른 한 명의 효용을 내리지 않으면 올라갈 수 없는 상태, 즉 두 명의 효용 극대화가 달성된 상태를 말한다.

협상에서 어느 쪽으로부터 최초 조건을 제시해야 할지는 큰 논점이다. 특히 비즈니스 거래에서 어느 쪽에 최초 가격을 전달할지가 고민이다.

통상적으로 협상에서 자신의 입장이 강한 경우면 먼저 가격 제시를 한다. 이 최초 제시 조건을 앵커링이라고 한다. 앵커링이란 판매자 측이 5만 원을 제시한 경우, 가격은 그 근처에 고정된다는 심리 상태를 나타낸 개념이다. 앵커란 '닻(碇)'이다.

협상에 임할 때 이슈 나무(Issue Tree)를 사용하여 협상 시나리오를 시뮬레이션해두기 바란다. 그때에도 상대측과 자기 측의 BATNA, ZOPA를 이해하고, 협상 논점에 대해 무엇이 부여되고 무엇이 변수인지 이해해야 한다. 이런 논점은 텀 시트에 기재된 것과 같다.

⑩ 최종 계약

드디어 텀 시트상 논점이 합의되면 해당 내용은 최종계약서(DA = Definitive Agreement)에 정리된다. 기업제휴에서 DA에는 주식 취득을 위한 주식양도계약(SPA = Share Purchase Agreement)이나 주식인수계약(SSA = Share Subscription Agreement) 또는 투자조건을 확약하기 위한 주주 간 계약(SHA = Shareholders' Agreement)이 있다. 논점이 합의되었기 때문에 나머지는 계약서에 옮길 뿐이라고 생각할지 모르지만, 계약서에서는 표현 방법이나 '필적'에 대한 조정이나 홍정이 이루어진다. 예를 들면, 영어 would와 could의 차이에 대한 조정을 거듭하게 된다.

또한 최선을 다해 노력한 결과, 제휴가 성립했더라도 언젠가 제휴가 종료될지 모른다. 그래서 무엇을 제휴 종료 사유로 삼을지, 제휴를 종료할 때 자산 분배나 권리 의무를 계약에 최대한 포함시켜야 한다.

계약서 내용이 무사히 확정되면 계약일이 결정된다. 계약 체결에는 이사회 결의와 같은 기관 결정이 필요하기 때문에, 제휴하는 양사가 기관 결정이 가능한 날을 바탕으로 계약일을 결정한다. 계약 체결은 딜리버리(Delivery)라고 부른다. 계약일 당일 필요한 서류가 모두 갖추어졌는지, 사소한 사항 주변에 오류는 없는지 세심한 주의를 기울인다.

계약이 체결되었다고 해서 모두 완료된 것은 아니다. 자본·업무제휴 계약이 있으면 출자에 따른 송금이 필요하다. 이 송금은 계약일 이후 이루어진다. 계약일에는 인출선행조건(Conditions Precedent)이 있고, 종료 당일까지 기관 결정이 내려지는 것이나 규제당국 승인 등이 기재된다. 계약서에는 '종료까지 이하 각 조건 전체가 충족되어 있는지를 전제한다'라고 씌어 있고, 열거된 조건 충족을 확인하고 종료 즉, 주식 양도 대가 등의 지불이 이루어진다.

일반적으로 조건이 충족되지 않는 경우, 종료까지의 기간으로 계약이 해지된다. 해외에서는 해약될 때 예정 거래금액의 1~5%를 해약금(Breakup Fee)으로, 해약한 쪽이 상대방에게 지불하는 규정이 있다.

⑪ 설립부터 운영의 관찰까지

제휴계약 체결 이후에는 사업이 궤도에 오를 때까지 설립에 매진하지만, 문화가 다른 기업이 공동사업하는 것은 매우 장벽이 높다. 특히 중요한 것은, 제휴로부터 3개월 동안의 '100일 계획' 기간이다. 이 기간은 사업 목적과 그것을 달성하기 위한 사업 계획을 참조하면서 양사에서 정기 회의를 열고, 은밀하게 정보의 공유를 한다. 외국 기업과의 제휴라면 반드시 상주자를 현지에 파견해 의사소통 과정에서 오류가 발생하지 않도록 주의를 기울인다.

또한, 제휴 이후의 프로젝트 구성원에는 제휴 협상 담당자가 들어가야 한다. 은밀히 협상을 진행한 이후의 제휴라면 그 단계에서 상대측에서 가장 신뢰받는 사람이 협상 담당자다. 그리고 제휴 사업 내용이나 각 조건도 가장 잘 이해하고 있을 것이다. 아무쪼록 그가 '다음 일을 맡겼다'고 해서 없어지는 것은 아니고, 협상 후 사업에 관여하는 것이 사업 성공률을 높인다.

일반 대기업이라면 제휴 협상·계약은 경영기획부가 중심이 되어 진행된다. 제휴 이후에는 프로젝트가 사업부에 맡겨지는 경우도 많다. 이것은 인센티브 설계 관점에서 문제가 되는 경우도 많다. 경영기획부는 약간 무리하더라도 자신들의 업무인 기업제휴를 계약 체결로 연결시키려고 하고, 이후의 사업 성패는 사업부 책임이라는 식이다. 이 경우, 경영기획부와 사업부가 일체가 되어 제휴 계약을 맺어야 하며, '제휴가 되었더라도 사업부 측이 듣지 못한 불리한 조건이 들어 있다'는 상황을 피해야 한다.

내 경험상, 중·장기에 걸친 제휴라면 프로젝트의 실무적 지체가 있더라도 양사의 잘못된 의사소통을 줄이는 '문화 조정'에 우선적으로 시간을 쓰는 것이 제휴를 끝까지 성공으로 이끈다고 생각한다.

문화 조정이란 상대방에게 영합하는 것이 아니라, 제휴 상대와 자사 간의 의사소통 스타일에서 무엇이 가장 좋은지에 대해 시행착오 과정을 거치는 것이다. 예산의 수치 목표와 같이, 어떤 나라에서도 변함없이 장악할 수 있는 것은 중요하다. 현장에서는, '당신은 이 수치를 달성할 것을 약속합니다. 좋습니까?'라는 단순한 의사소통으로 마무리한다.

융합하여 비즈니스를 만들어내라

지금까지 자본·업무제휴의 실무 프로세스를 살펴보았다. 어땠는가?

오늘날 비즈니스에서는 제품이나 사람(회사)을 융합해 새로운 가치를 창출해내는가가 사업 성패를 쥐고 있다. 예를 들면, 매우 우수한 기술을 보유한 제조 회사가 있더라도 그 기술 하나만으로는 제품화하기 어렵다. 그 기술 주변에는 또 다른 다양한 기술이나 지적재산이 있기 때문에, 제품을 만들어내기 위해서는 지적 재산을 허락받기도 하고, 다른 기업과 제휴하여 제품을 개발하고 생산하게 된다.

오늘날, 비즈니스 세계에서도 조합의 시대가 오고 있다. 제조만 지속하는 비즈니스로부터 물건을 소개하는 서비스로 수익을 얻는 경우가 많아졌다. 넓은 의미에서 서비스업이 아닌 업종은 없다. 특히 사물인터넷(Internet of Things: IOT)분야에서는 다양한 제품이 인터넷과 접속되고, 각 기업들은 서비스 개발을 위해 제품을 매개로 대량의 데이터를 수집하여 고도의 데이터 해석 알고리즘을 개발하는 데에 경쟁을 집중하고 있다. 이것은 제품과 데이터와 서비스를 조합한 신규사업이라고 생각한다.

앞에서 서술한 바와 같이, 자본·업무제휴에는 사업, 회계재무, 재정, 법무, 협상, 어학 요소들이 그 안에 들어 있다. 그리고 무엇보다도 여러분이 프로젝트 책임자라면, 회사 안팎을 설득하고 끌어들여야 한다.

'아이디어는 좋았지만 정치적인 움직임이 서툴러 프로젝트가 진행되지 못했다'라는 말을 듣곤 한다. **정치적인 움직임이야말로 프로젝트 책임자의 업무다.** 그리고 실현되지 않은 아이디어는 의미가 없다. 여러분이나 프로젝트 관련자의 소중한 시간으로 아이디어를 반드시 실현시키도록 하자.

여기까지 읽어주신 데 대해 진심으로 감사드린다. 이 책은 내가 신입사원으로부터 자주 듣는 '전문가로 살아가기 위해 무엇을 어디까지 알고 있으면 좋을까?'라는 질문에 대한 대답으로 집필되었다.

나 자신이 40세를 앞두고, 이 질문에 대해 나만의 생각을 정리해두고 싶었다. 이 책의 내용은 매우 기초적인 것이 많지만, 세계로 진출하는 비즈니스맨으로서 최소한 알아두어야 한다고 생각하는 내용들을 정리하였다. 비즈니스를 축으로 한 여러 학문 분야와 관련된(Interdisciplinary) 가벼운 읽을거리이다. 내일을 꿈꾸는 독자 여러분에게 이 잡다한 내용의 책이 조금이라도 의미 있고 도움이 되기를 간절히 바란다.

이 책이 출간된 2015년으로부터 꼭 10년 전인 2005년 내가 관여한 안건으로 라이브도어에 의한 후지 산케이 그룹의 일본 방송 매수가 있었다. 당시 나는 약관의 20대였다. 당시는 TV와 인터넷이 콘텐츠에서 융합하는 것은 없다고 말하던 사람들도 있었지만, 지금은 스마트폰으로 네트워크를 통해 방송 콘텐츠를 보는 것은 당연해졌다. 그러고보니 10년 전에는 아이폰도 존재하지 않았고, 페이스북도 세상에 공개되기 전이었다. 겨우 10년 사이에 다양한 사건이 있었다. 전 세계적으로도 리먼 쇼크, 일본에서는 JAL 파산이나 동일본 대지진 등의 큰 사건이 있었다.

　앞으로도 여러분 앞에는 분명히 여러 가지 일이 생길 것이다. 곤란한 일도 있을 것이다. 그럴 때에 자신에게 '생각하고, 생각하고, 깊이 생각하라'고

타이르면서, 진지하게 힘껏 어려움을 극복해나가기를 바란다.

　마지막으로 이 책에서 전하고 싶은 것은, 업무를 잘하기 위해서는 지식과 각오가 필요하다는 것이다. 나는 우연히 선진국 일본에서 태어났고, 우연히 좋은 교육을 받을 기회와 혜택이 있었고, 운좋게 현 시대를 어떻게든 살아가고 있다. 비즈니스에서도 몇 차례나 실패하였고, '저 친구도 다 끝났군.'이라는 소리를 들어가면서도 도움을 주신 분들 덕분에 지금까지 이렇게 지내올 수 있었다.

　세상에는 많은 어려움이 있고, 교육을 받고 싶다고 말한 것만으로도 총격을 받는 아이들도 있다. 여성이기 때문에 학교에 갈 수 없는 사람도 있다. 일본에서조차 경제적 사정 때문에 교육을 받을 수 없는 아이들이 있다. 후생성의 국민생활조사에 따르면, 2012년 17세 이하 빈곤율은 16%였다. '빈곤'의 정의는 2012년의 경우, 부모 소득이 약 1,276만 원 미만이었다. 원래 아이들은 미래에 나라를 짊어질 인재이고, 미래의 납세자다. 경제적 사정 때문에 교육 면에서 아이들이 차별받아서는 안 된다. 아이들에게 불관용적이고 교육에 소홀한 사회는 반드시 불안정해진다. 우리 사회 전체에서 아이들을 가르치고, 아이들이 일할 수 있는 환경을 제공해야 한다.

　나는 비지니스를 통해서 사회적 과제를 해결하고 싶다. 그러기 위해서는 지식도 각오도 필요하다고 믿고 있다. 해결해야할 과제가 많은 이런 사회에서 포퓰리즘(Populism)에 현혹되지 않고 살아가기 위해서는, 강한 사람이 올바른 것인지 올바른 사람이 강한 것인지 외에 다른 구원 방법은 없다고 생각한다.

이 책이 과제 해결에 맞서는 귀수불심(鬼手佛心: 외과의사는 사정없이 메스를 가하지만 그것이 병을 빨리 고치려는 자비심에 기인한다는 비유 - 옮긴이)의 전문가를 지향하는 분들의 힘에 조금이라도 보탬이 되기를 바란다. 서로에게 충실하고, 진지하게 힘을 내기를 바란다.

이 책은 근무처인 산업성장플랫폼(IGPI) CEO인 도야마 카즈히코(冨山和彦) 씨의 언행 저서에 큰 영감을 받아서 집필하였다. 이 자리를 빌어서 감사의 뜻을 전한다.

이 책은 항상 응원해주는 고객, IGPI 동료들, 친구, 가족의 도움이 없었다면 세상에 나올 수 없었다. 모든 분들에게 진심으로 감사의 마음을 전한다.

세계를 무대로 미래의 비즈니스를 펼쳐라

21세기 글로벌 인재의 조건

초판 1쇄 발행 2016년 7월 15일

지은이 시오노 마코토
옮긴이 김성수

펴낸이 박상진
편 집 김제형
관 리 황지원
디자인 넘버나인

펴낸 곳 진성북스
출판 등록 2011년 9월 23일
주 소 서울특별시 강남구 영동대로 85길 38 진성빌딩 10층
전 화 02)3452-7762
팩 스 02)3452-7761
홈페이지 www.jinsungbooks.com

ISBN 978-89-97743-23-0 03320

진성북스
도서목록

사람이 가진 무한한 잠재력을 키워가는 **진성북스**는
지혜로운 삶에 나침반이 되는 양서를 만듭니다.

앞서 가는 사람들의 두뇌 습관
스마트 싱킹
아트 마크먼 지음 | 박상진 옮김
352쪽 | 값 17,000원

숨어 있던 창의성의 비밀을 밝힌다!
인간의 마음이 어떻게 작동하는지 설명하고, 스마트해지는데 필요한 완벽한 종류의 연습을 하도록 도와준다. 고품질 지식의 습득과 문제 해결을 위해 생각의 원리를 제시하는 인지 심리학의 결정판이다! 고등학생이든, 과학자든, 미래의 비즈니스 리더든, 또는 회사의 CEO든 스마트 싱킹을 하고자 하는 누구에게나 이 책은 유용하리라 생각한다.

● 조선일보 등 주요 15개 언론사의 추천
● KBS TV, CBS방영 및 추천

나의 잠재력을 찾는 생각의 비밀코드
지혜의 심리학
김경일 지음
302쪽 | 값 15,000원

창의적으로 행복에 이르는 길!
인간의 타고난 심리적 특성을 이해하고, 생각을 현실에서 실행 하도록 이끌어주는 동기에 대한 통찰을 통해 행복한 삶을 사는 지혜를 명쾌하게 설명한 책. 지혜의 심리학을 선택한 순간, 미래의 밝고 행복한 모습은 이미 우리 안에 다가와 가뿐히 자리잡고 있을 것이다. 수많은 자기계발서를 읽고도 성장의 목표를 이루지 못한 사람들의 필독서!

● KBS 1TV 아침마당〈목요특강〉 "지혜의 심리학"특강 출연
● YTN사이언스 〈과학, 책을 만나다〉 "지혜의 심리학"특강 출연
● 2014년 중국 수출 계약 | 포스코 CEO 추천 도서

세계 초일류 기업이 벤치마킹한 성공전략 5단계
승리의 경영전략
AG 래플리, 로저마틴 지음 | 김주권, 박광태, 박상진 옮김
352쪽 | 값 18,500원

전략경영의 살아있는 메뉴얼
가장 유명한 경영 사상가 두 사람이 전략이란 무엇을 위한 것이고, 어떻게 생각해야 하며, 왜 필요하고, 어떻게 실천해야 할지 구체적으로 설명한다. 이들은 100년 동안 세계 기업회생 역사에서 가장 성공적이라고 평가 받고 있을 뿐 아니라, 직접 성취한P&G의 사례를 들어 전략의 핵심을 강조하고 있다.

● 경영대가 50인(Thinkers 50)이 선정한 2014 최고의 책
● 탁월한 경영자와 최고의 경영 사상가의 역작
● 월스트리스 저널 베스트 셀러

백만장자 아버지의 마지막 가르침
인생의 고난에 고개 숙이지 마라
마크 피셔 지음 | 박성관 옮김 | 307쪽 | 값 13,000원

아버지와 아들의 짧지만 아주 특별한 시간
눈에 잡힐 듯 선명한 성공 가이드와 따뜻한 인생의 멘토가 되기 위해 백만장자 신드롬을 불러 일으켰던 성공 전도사 마크 피셔가 돌아왔다. 실의에 빠진 모든 이들을 포근하게 감싸주는 허그 멘토링! 인생의 고난을 헤쳐가며 각박하게 살고 있는 청춘들에게 진정한 성공이 무엇인지, 또 어떻게 하면 그 성공에 도달할 수 있는지 감동적인 이야기를 통해 들려준다.

● 중앙일보, 동아일보, 한국경제 추천 도서
● 백만장자 시리즈의 완결판

감성의 시대, 왜 다시 이성인가?
이성예찬
마이클 린치 지음 | 최훈 옮김
323쪽 | 값 14,000원

세계적인 철학 교수의 명강의
증거와 모순되는 신념을 왜 믿어서는 안 되는가? 현대의 문학적, 정치적 지형에서 욕설, 술수, 위협이 더 효과적인데도 왜 합리적인 설명을 하려고 애써야 하는가? 마이클 린치의 '이성예찬'은 이성에 대한 회의론이 이렇게 널리 받아들여지는 시대에 오히려 이성과 합리성을 열성적으로 옹호한다.

● 서울대학교, 연세대학교 저자 특별 초청강연
● 조선, 중앙, 동아일보, 매일경제, 한국경제 등 특별 인터뷰

"이 검사를 꼭 받아야 합니까?"
과잉진단
길버트 웰치 지음 | 홍영준 옮김
391쪽 | 값 17,000원

병원에 가기 전 꼭 알아야 할 의학 지식!
과잉진단이라는 말은 아무도 원하지 않는다. 이는 걱정과 과잉진료의 전조일 뿐 개인에게 아무 혜택도 없다. 하버드대 출신의사인 저자는, 의사들의 진단욕심에 비롯된 과잉진단의 문제점과 과잉진단의 합리적인 이유를 함께 제시함으로써 질병예방의 올바른 패러다임을 전해준다.

● 한국출판문화산업 진흥원 「이달의 책」 선정도서
● 조선일보, 중앙일보, 동아일보 등 주요 언론사 추천

불꽃처럼 산 워싱턴 시절의 기록
최고의 영예

콘돌리자 라이스 지음 | 정윤미 옮김
956쪽 | 값 25,000원

세계 권력자들을 긴장하게 만든 8년간의 회고록

"나는 세계의 분쟁을 속속들이 파악하고 가능성의 미학을 최대한 적용했다. 현실을 직시하며 현실적인 방안을 우선적으로 선택했다. 이것은 수년간 외교 업무를 지휘해온 나의 업무 원칙이었다. 이제 평가는 역사에 맡겨 두어야 한다. 역사의 판단을 기꺼이 받아 들일 것이다. 적어도 내게 소신껏 행동할 수 있는 기회가 주어진 것에 감사할 따름이다."

● 제 66대 최초 여성 미 국무 장관의 특별한 자서전
● 뉴욕타임스, 워싱턴포스트, 월스트리트 저널 추천 도서

색다른 삶을 위한 지식의 향연
브레인 트러스트

가스 선뎀 지음 | 이현정 옮김
350쪽 | 값 15,000원

재미있고 행복하게 살면서 부자 되는 법!

노벨상 수상자, 미국 국가과학상 수상자 등 세계 최고의 과학자들이 들려주는 스마트한 삶의 비결. 일상에서 부딪히는 다양한 문제에 대해서 신경과학, 경제학, 인류학, 음악, 수학 등 여러 분야의 최고 권위자들이 명쾌하고 재치있는 해법을 제시하고 있다. 지금 당장 93인의 과학자들과 함께 70가지의 색다른 지식에 빠져보자!

● 즐거운 생활을 꿈꾸는 사람을 위한 책
● 93인의 과학자들이 제시하는 명쾌한 아이디어

학대와 고난, 극복과 사랑 그리고 승리까지
감동으로 가득한 스포츠 영웅의 휴먼 스토리
오픈

안드레 애거시 지음 | 김현정 옮김 | 614쪽 | 값 19,500원

시대의 이단아가 던지는 격정적 삶의 고백!

남자 선수로는 유일하게 골든 슬램을 달성한 안드레 애거시. 테니스 인생의 성상에 오르기까지와 파란만장한 삶의 여정이 서정적 언어로 독자의 마음을 자극한다. 최고의 스타 선수는 무엇으로, 어떻게, 그 자리에 오를 수 있었을까? 또 행복하지만은 않았던 그의 테니스 인생 성장기를 통해 우리는 무엇을 배울 수 있을까. 안드레 애거시의 가치관과 생각을 읽을 수 있다.

● Times 등 주요 13개 언론사 극찬, 자서전 관련분야 1위 (아마존)
● "그의 플레이를 보며 나는 꿈을 키웠다!" –국가대표 테니스 코치 이형택

앞서 가는 사람들의 두뇌 습관
스마트 싱킹

아트 마크먼 지음
박상진 옮김 | 352쪽
값 17,000원

보통 사람들은 지능이 높을수록 똑똑한 행동을 할 것이라 생각한다. 하지만 마크먼 교수는 연구를 통해 지능과 스마트한 행동의 상관관계가 그다지 크지 않음을 증명한다. 한 연구에서는 지능검사 결과 높은 점수를 받은 아이들을 35년 동안 추적하여 결국 인생의 성공과 지능지수는 그다지 상관없다는 사실을 밝히기도 했다. 중요한 것은 스마트한 행동으로 이끄는 것은 바로 '생각의 습관'이라는 것이다. 스마트한 습관은 정보와 행동을 연결해 행동을 합리적으로 수행하도록 하는 일관된 변환(consistent mapping)으로 형성된다. 곧 스마트 싱킹은 실천을 통해 행동으로 익혀야 한다는 뜻이다. 스마트한 습관을 창조하여 고품질 지식을 습득하고, 그 지식을 활용하여 새로운 문제를 창의적으로 해결해야 스마트 싱킹이 가능한 것이다. 그러려면 끊임없이 '왜'라고 물어야 한다. '왜'라는 질문에서 우리가 얻을 수 있는 것은 사물의 원리를 설명하는 인과적 지식이기 때문이다. 스마트 싱킹에 필요한 고품질 지식은 바로 이 인과적 지식을 통해 습득할 수 있다. 이 책은 일반인이 고품질 지식을 얻어 스마트 싱킹을 할 수 있는 구체적인 방법을 담고 있다. 예를 들어 문제를 글로 설명하기, 자신에게 설명해 보기 등 문제해결 방법과 회사와 가정에서 스마트한 문화를 창조하기 위한 8가지 방법이 기술되어 있다.

● 조선일보 등 주요 15개 언론사의 추천
● KBS TV, CBS방영 및 추천

새로운 시대는 逆(역)으로 시작하라!

콘트래리언

이신영 지음 | 408쪽 | 값 17,000원

위기극복의 핵심은 역발상에서 나온다!

세계적 거장들의 삶과 경영을 구체적이고 내밀하게 들여다본 저자는 그들의 성공핵심은 많은 사람들이 옳다고 추구하는 흐름에 '거꾸로' 갔다는 데 있음을 발견했다. 모두가 실패를 두려워할 때 도전할 줄 알았고, 모두가 아니라고 말하는 아이디어를 성공적인 아이디어로 발전시켰으며 최근 15년간 3대 악재라 불린 위기 속에서 기회를 찾고 성공을 거뒀다.

- 한국출판문화산업 진흥원 '이달의 책' 선정도서
- KBS1 라디오 〈오한진 이정민의 황금사과〉 방송

백 마디 불통의 말, 한 마디 소통의 말

당신은 어떤 말을 하고 있나요?

김종영 지음 | 248쪽 | 값 13,500원

리더십의 핵심은 소통능력이다. 소통을 체계적으로 연구하는 학문이 바로 수사학이다. 이 책은 우선 사람을 움직이는 힘, 수사학을 집중 조명한다. 그리고 소통의 능력을 필요로 하는 우리 사회의 리더들에게 꼭 필요한 수사적 리더십의 원리를 제공한다. 더 나아가서 수사학의 원리를 실제 생활에 어떻게 적용할 수 있는지 일러준다. 독자는 행복한 말하기와 아름다운 소통을 체험할 것이다.

- SK텔레콤 사보 〈Inside M〉인터뷰
- MBC라디오 〈라디오 북 클럽〉 출연
- 매일 경제, 이코노믹리뷰, 경향신문 소개
- 대통령 취임 2주년 기념식 특별연설

실력을 성공으로 바꾸는 비결

리더의 존재감은 어디서 오는가

실비아 앤 휴렛 지음 | 황선영 옮김
308쪽 | 값 15,000원

이 책은 조직의 사다리를 오르는 젊은 직장인과 리더를 꿈꾸는 사람들이 시급하게 읽어야 할 필독서이다. 더이상 서류상의 자격만으로는 앞으로 다가올 큰 기회를 잡을 수 없다. 사람들에게 자신감과 신뢰성을 보여주는 능력, 즉 강력한 존재감이 필요하다. 여기에 소개되는 연구 결과는 읽을거리가 많고 생생한 이야기와 신빙성 있는 자료로 가득하다. 실비아 앤 휴렛은 이 책을 통해 존재감을 완벽하게 드러내는 비법을 전수한다.

- 이코노믹리뷰 추천도서　　● 저자 싱커스50

10대들을 위한 심리 에세이

띵똥 심리학이 보낸 톡

김가현, 신애경, 정수경, 허정현 지음
195쪽 | 값 11,000원

이 책은 수많은 사용 설명서들 가운데 하나이다. 대한민국의 학생으로 살아가는 여러분의 사용 설명서이기도 하다. 오르지 않는 성적은 우리 내면의 어떤 문제 때문인지, 어떤 버튼을 누르면 되는지, 매일매일 일어나는 일상 속에 숨겨진 버튼들을 보여 주고자 한다. 책의 마지막 장을 덮은 후에는 당신의 삶에도 버튼이 보이기 시작할 것이다.

- 저자 김가현 - 미국 스탠퍼드 대학교 입학
- 용인외고 여학생 4명이 풀어 놓는 청춘의 심리와 그 해결책!

비즈니스 성공의 불변법칙
경영의 멘탈모델을 배운다!

퍼스널 MBA

조쉬 카우프만 지음 | 이상호, 박상진 옮김
756쪽 | 값 25,000원

"MASTER THE ART OF BUSINESS"

비즈니스 스쿨에 발을 들여놓지 않고도 자신이 원하는 시간과 적은 비용으로 비즈니스 지식을 획기적으로 높이는 방법을 가르쳐 주고 있다. 실제 비즈니스의 운영, 개인의 생산성 극대화, 그리고 성과를 높이는 스킬을 배울 수 있다. 이 책을 통해 경영학을 마스터하고 상위 0.01%에 속하는 부자가 되는 길을 따라가 보자.

- 아마존 경영 & 리더십 트레이닝 분야 1위
- 미국, 일본, 중국 베스트 셀러
- 경영 명저 100권을 녹여 놓은 책

무엇이 평범한 사람을 유명하게 만드는가?

폭스팩터

앤디 하버마커 지음
곽윤정, 이현응 옮김 | 265쪽 | 값 14,000원

무의식을 조종하는 매혹의 기술

오제이 심슨, 오펜하이머, 폴 포츠, 수전 보일… 논리가 전혀 먹혀 들지 않는 이미지 전쟁의 세계. 이는 폭스팩터가 우리의 무의식을 교활하게 점령하고 있기 때문이다. 1%셀러브리티들의 전유물처럼 여겨졌던 행동 설계의 비밀을 일반인들도 누구나 배울 수 있다. 전 세계 스피치 전문가를 매료시킨 강력한 커뮤니케이션기법소통으로 고민하는 모든 사람들에게 강력 추천한다.

- 폭스팩터는 자신을 드러내기 위해 반드시 필요한 무기
- 조직의 리더나 대중에게 어필하고자 하는 사람을 위한 필독서

새로운 리더십을 위한 지혜의 심리학
이끌지 말고 따르게 하라

김경일 지음 | 324쪽 | 값 15,000원

이 책은 '훌륭한 리더', '존경받는 리더', '사랑받는 리더'가 되고 싶어 하는 모든 사람들을 위한 책이다. 요즘 사회에서는 존경보다 질책을 더 많이 받는 리더들의 모습을 쉽게 볼 수 있다. 저자는 리더십의 원형이 되는 인지심리학을 바탕으로 바람직한 리더의 모습을 하나씩 밝혀준다. 현재 리더의 위치에 있는 사람뿐만 아니라, 앞으로 리더가 되기 위해 노력하고 있는 사람이라면 인지심리학의 새로운 접근에 공감하게 될 것이다. 존경받는 리더로서 조직을 성공시키고, 나아가 자신의 삶에서도 승리하기를 원하는 사람들에게 필독을 권한다.

● 예스24 리더십 분야 베스트셀러
● 국립중앙도서관 사서 추천 도서

30초 만에 상대의 마음을 사로잡는
스피치 에센스

제러미 도노반, 라이언 에이버리 지음
박상진 옮김 | 348쪽 | 값 15,000원

타인들을 대상으로 하는 연설의 가치는 개별 청자들의 지식, 행동 그리고 감정에 끼치는 영향력에 달려있다. 토스마스터즈 클럽은 이를 연설의 '일반적 목적'이라 칭하며 연설이라면 다음의 목적들 중 하나를 달성해야 한다고 규정하고 있다. 지식을 전달하고, 청자를 즐겁게 하는 것은 물론 나아가 영감을 불어넣을 수 있어야 한다. 이 책은 토스마스터즈인 제러미 도노반과 대중연설 챔피언인 라이언 에이버리가 강력한 대중연설의 비밀에 대해서 말해준다.

경쟁을 초월하여 영원한 승자로 가는 지름길
탁월한 전략이 미래를 창조한다

리치 호워드 지음 | 박상진 옮김 | 값 17,000원

이 책은 혁신과 영감을 통해 자신들의 경험과 지식을 탁월한 전략으로 바꾸려는 리더들에게 실질적인 프레임워크를 제공해준다. 저자는 탁월한 전략을 위해서는 새로운 통찰을 결합하고 독자적인 경쟁 전략을 세우고 헌신을 이끌어내는 것이 중요하다고 강조한다. 나아가 연구 내용과 실제 사례, 사고모델, 핵심 개념에 대한 명쾌한 설명을 통해 탁월한 전략가가 되는 데 필요한 핵심 스킬을 만드는 과정을 제시해준다.

● 조선비즈, 매경이코노미 추천도서
● 저자 전략분야 뉴욕타임즈 베스트셀러

세계 초일류 기업이 벤치마킹한
성공전략 5단계
승리의 경영전략

AG 래플리, 로저마틴 지음
김주권, 박광태, 박상진 옮김
352쪽 | 값 18,500원

이 책은 전략의 이론만을 장황하게 나열하지 않는다. 매일 치열한 생존경쟁이 벌어지고 있는 경영 현장에서 고객과 경쟁자를 분석하여 전략을 입안하고 실행을 주도하였던 저자들의 실제 경험과 전략 대가들의 이론이 책 속에서 생생하게 살아 움직이고 있다. 혁신의 아이콘인 A.G 래플리는 P&G의 최고책임자로 다시 돌아왔다. 그는 이 책에서 P&G가 실행하고 승리했던 시장지배의 전략을 구체적으로 보여 줄 것이다. 생활용품 전문기업인 P&G는 지난 176년간 끊임없이 혁신을 해왔다. 보통 혁신이라고 하면 전화기, TV, 컴퓨터 등 우리 생활에 커다란 변화를 가져오는 기술이나 발명품 등을 떠올리곤 하지만, 소소한 일상을 편리하게 만드는 것 역시 중요한 혁신 중에 하나라고 할 수 있다. 그리고 그러한 혁신은 체계적인 전략의 틀 안에서 지속적으로 이루어질 수 있다. 월 스트리트 저널, 워싱턴 포스트의 베스트셀러인 〈Plating to Win: 승리의 경영전략〉은 전략적 사고와 그 실천의 핵심을 담고 있다. 래플리는 10년간 CEO로서 전략 컨설턴트인 로저마틴과 함께 P&G를 매출 2배, 이익은 4배, 시장가치는 100조 이상으로 성장시켰다. 이 책은 크고 작은 모든 조직의 리더들에게 대담한 전략적 목표를 일상 속에서 실행하는 방법을 보여주고 있다. 그것은 바로 사업의 성공을 좌우하는 명확하고, 핵심적인 질문인 '어디에서 사업을 해야 하고', '어떻게 승리할 것인가'에 대한 해답을 찾는 것이다.

● 경영대가 50인(Thinkers 50)이 선정한 2014 최고의 책
● 탁월한 경영자와 최고의 경영 사상가의 역작
● 월스트리스 저널 베스트 셀러

진정한 부와 성공을 끌어당기는 단 하나의 마법

생각의 시크릿

밥 프록터, 그레그 레이드 지음
박상진 옮김 | 268쪽 | 값 13,800원

성공한 사람들은 그렇지 못한 사람들과 다른 생각을 갖고 있는 것인가? 지난 100년의 역사에서 수많은 사람을 성공으로 이끈 성공 철학의 정수를 밝힌다. 〈생각의 시크릿〉은 지금까지 부자의 개념을 오늘에 맞게 더 구체화시켰다. 지금도 변하지 않는 법칙을 따라만 하면 누구든지 성공의 비밀에 다가갈 수 있다. 이 책은 각 분야에서 성공한 기업가들이 지난 100년간의 성공 철학을 어떻게 이해하고 따라 했는지 살펴보면서, 그들의 성공 스토리를 생생하게 전달하고 있다.

● 2016년 자기계발분야 화제의 도서
● 매경이코노미, 이코노믹리뷰 소개

세계를 무대로 미래의 비즈니스를 펼쳐라

21세기 글로벌 인재의 조건

시오노 마코토 지음 | 김성수 옮김
244쪽 | 값 15,000원

세계 최고의 인재는 무엇이 다른가? 이 책은 21세기 글로벌 시대에 통용될 수 있는 비즈니스와 관련된 지식, 기술, 그리고 에티켓 등을 자세하게 설명한다. 이 뿐만 아니라, 재무, 회계, 제휴 등의 업무에 바로 활용 가능한 실무적인 내용까지 다루고 있다. 이 모든 것들이 미래의 주인공을 꿈꾸는 젊은이들에게 글로벌 인재가 되기 위한 발판을 마련해주는데 큰 도움이 될 것이다. 저자의 화려한 국제 비즈니스 경험과 감각을 바탕으로 비즈니스에 임하는 자세와 기본기. 그리고 실천 전략에 대해서 알려준다.

성과기반의 채용과 구직을 위한 가이드

100% 성공하는 채용과 면접의 기술

루 아들러 지음 | 352쪽 | 이병철 옮김 | 값 16,000원

기업에서 좋은 인재란 어떤 사람인가? 많은 인사담당자는 스펙만 보고 채용하다가는 낭패당하기 쉽다고 말한다. 최근 전문가들은 성과기반채용 방식에서 그 해답을 찾는다. 이는 개인의 역량을 기초로 직무에서 성과를 낼 수 있는 요인을 확인하고 검증하는 면접이다. 이 책은 세계의 수많은 일류 기업에서 시도하고 있는 성과기반채용에 대한 개념, 프로세스, 그리고 실행방법을 다양한 사례로 설명하고 있다.

● 2016년 경제경영분야 화제의 도서

MIT 출신 엔지니어가 개발한
창조적 세일즈 프로세스

세일즈 성장 무한대의 공식

마크 로버지 지음 | 정지현 옮김 | 272쪽 | 값 15,000원

세일즈를 과학이 아닌 예술로 생각한 스타트업 기업들은 좋은 아이디어가 있음에도 불구하고 성공을 이루지 못한다. 기업이 막대한 매출을 올리기 위해서는 세일즈 팀이 필요하다. 지금까지는 그 목표를 달성하게 해주는 예측 가능한 공식이 없었다. 이 책은 세일즈를 막연한 예술에서 과학으로 바꿔주는 검증된 공식을 소개한다. 단 3명의 직원으로 시작한 스타트업이 1천억 원의 매출을 달성하기까지의 여정을 통해 모든 프로세스에서 예측과 계획, 그리고 측정이 가능하다는 사실을 알려준다.

● 아마존 세일즈분야 베스트셀러

세계 최초 뇌과학으로 밝혀낸 반려견의 생각

반려견은 인간을 정말 사랑할까?

그레고리 번즈 지음 | 316쪽 | 김신아 옮김 | 값 15,000원

과학으로 밝혀진 반려견의 신비한 사실

순종적이고, 충성스럽고, 애정이 넘치는 반려견들은 우리에게 있어서 최고의 친구이다. 그럼 과연 반려견들은 우리가 사랑하는 방법처럼 인간을 사랑할까? 수십 년 동안 인간의 뇌에 대해서 연구를 해 온 에모리 대학교의 신경 과학자인 조지 번스가 반려견들이 우리를 얼마나, 어떻게 사랑하는지에 대한 비밀을 과학적인 방법으로 들려준다. 반려견들이 무슨 생각을 하는지 알아보기 위해 기능적 뇌 영상을 촬영하겠다는 저자의 프로젝트는 놀라움을 넘어 충격에 가깝다.

혁신으로 성장과 변화를 주도하는

신제품 개발의 성공전략

로버트 쿠퍼 지음
류강석, 신동영, 박상진 옮김 | 값 25,000원

오늘날 비즈니스 환경에서 진정한 혁신과 신제품개발은 중요한 도전과제이다. 하지만 대부분의 기업들에게 야심적인 혁신은 보이지 않는다. 이 책의 저자는 제품혁신의 핵심성공 요인이자 세계최고의 제품개발프로세스인 스테이지-게이트 (Stage-Gate)에 대해 강조한다. 아울러 올바른 프로젝트 선택 방법과 스테이지-게이트 프로세스를 활용한 신제품개발 성공 방법에 대해서도 밝히고 있다. 신제품은 기업번영의 핵심이다. 이러한 방법을 배우고 기업의 실적과 시장 점유율을 높이는 대담한 혁신을 성취하는 것은 담당자, 관리자, 경영자의 마지노선이다.

김병완의 공부혁명 (가제)

김병완 지음 | 값 15,000원

공부는 20대에게 세상을 살아갈 수 있는 힘과 자신감 그리고 내공을 길러준다. 그래서 20대 때 공부에 미쳐 본 경험이 있는 사람과 그렇지 못 한 사람은 알게 모르게 평생 큰 차이가 난다. 진짜 청춘은 공부하는 청춘이다. 공부를 하지 않고 어떻게 100세 시대를 살아가고자 하는가? 공부는 인생의 예의이자 특권이다. 20대 공부는 자신의 내면을 발견할 수 있게 해주고, 그로 인해 진짜 인생을 살아갈 수 있게 해준다. 이 책에서 말하는 20대 청춘이란 생물학적인 나이만을 의미하지 않는다. 60대라도 진짜 공부를 하고 있다면 여전히 20대 청춘이고 이들에게는 미래에 대한 확신과 풍요의 정신이 넘칠 것이다.

당신은 어떤 글을 쓰고 있나요?(가제)

황성근 지음 | 값 13,500원

글쓰기는 인간의 기본 능력이자 자신의 능력을 발휘하는 핵심적인 도구이다. 글은 이론만으로 잘 쓸 수 없다. 좋은 글을 많이 읽고 체계적인 연습이 필요하다. 이 책에서는 기본 원리와 구성, 나아가 활용 수준까지 글쓰기의 모든 것을 다루고 있다. 이 책은 지금까지 자주 언급되고 무조건적으로 수용되던 기존 글쓰기의 이론들을 아예 무시했다. 실제 글쓰기를 할 때 반드시 필요하고 알아두어야 하는 내용들만 담았다. 책의 내용도 외울 필요가 없고 소설 읽듯 하면 바로 이해되고 그 과정에서 원리를 터득할 수 있도록 심혈을 기울인 책이다. 글쓰기에 대한 깊은 고민에 빠진 채 그 방법을 찾지 못해 방황하고 있는 사람들에게 필독키를 권한다.

최고의 전략과 경쟁우위를 위한 핵심가이드

마이클 포터 에센스 (가제)

조안 마그레타 지음
김언수, 김주권, 박상진 옮김 | 값 17,000원

이 책은 방대하고 주요한 마이클 포터의 이론과 생각을 한 권으로 정리했다. 〈하버드 비즈니스리뷰〉 편집장 출신인 조안 마그레타(Joan Magretta)는 마이클 포터와의 협력으로 포터 교수의 아이디어를 업데이트하고, 이론을 증명하기 위해 생생하고 명확한 사례들을 알기 쉽게 설명한다. 전략경영과 경쟁 전략의 핵심을 단기간에 마스터하기 위한 사람들의 필독서다.

- 전략의 대가, 마이클포터 이론의 결정판
- 아마존 전략 분야 베스트 셀러
- 일반인과 대학생을 위한 전략경영 필독서

"비즈니스의 성공을 위해 꼭 알아야하는 경영의 핵심지식"

퍼스널 MBA

조쉬 카우프만 지음
이상호, 박상진 옮김
756쪽 | 값 25,000원

지속가능한 성공적인 사업은 경영의 어느 한 부분의 탁월성만으로는 불충분하다. 이는 가치창조, 마케팅, 영업, 유통, 재무회계, 인간의 이해, 인적자원 관리, 전략을 포함한 경영관리 시스템 등 모든 부분의 지식과 경험 그리고 통찰력이 갖추어 질 때 가능한 일이다. 그렇다고 그 방대한 경영학을 모두 섭렵할 필요는 없다고 이 책의 저자는 강조한다. 단지 각각의 경영원리를 구성하고 있는 멘탈모델(Mental Model)을 제대로 익힘으로써 가능하다. 세계 최고의 부자인 빌게이츠, 워런버핏과 그의 동업자 찰리 멍거(Charles T. Munger)를 비롯한 많은 기업가들이 이 멘탈모델을 통해서 비즈니스를 시작하고, 또 큰 성공을 거두었다. 이 책에서 제시하는 경영의 핵심개념 248가지를 통해 독자들은 경영의 멘탈모델을 습득하게 된다. 필자는 지난 5년간 수천 권이 넘는 경영 서적을 읽었다. 수백 명의 경영 전문가를 인터뷰하고, 포춘지 선정 세계 500대 기업에서 일을 했으며, 사업도 시작했다. 그 과정에서 배우고 경험한 지식들을 모으고, 정제하고, 잘 다듬어서 몇 가지 개념으로 정리하게 되었다. 이들 경영의 기본 원리를 이해한다면, 현명한 의사결정을 내리는 데 유익하고 신뢰할 수 있는 도구를 얻게 된다. 이러한 개념들의 학습에 시간과 노력을 투자해 마침내 그 지식을 활용할 수 있게 된다면, 독자는 어렵지 않게 전 세계 인구의 상위 1% 안에 드는 탁월한 사람이 된다. 이 책의 주요내용은 다음과 같다.

- 실제로 사업을 운영하는 방법
- 효과적으로 창업하는 방법
- 기존에 하고 있던 사업을 더 잘 되게 하는 방법
- 경영 기술을 활용해 개인적 목표를 달성하는 방법
- 조직을 체계적으로 관리하여 성과를 내는 방법

병원에 안가고 오래 건강하게 사는법 (가제)

마이클 그레거 지음 | 홍영준 외 옮김
값 25,000원

미국 최고의 영양 관련 웹사이트인 http://NutritionFacts.org를 운영 중인 세계적인 영양전문가이자 내과의사가 과학적인 증거로 치명적인 질병을 예방할 수 있는 식습관에 대해 집대성한 책이다. 생명을 일찍 잃는 대다수 사람들의 경우, 식생활과 생활방식의 간단한 개선만으로 질병 예방이 가능하다. 저자는 영양과 생활방식의 조정이 처방약, 항암제, 수술보다 더 효과적일 수 있다고 강조한다. 오래 동안 건강하게 살기 위해서는 어떤 음식을 섭취해야 하는지, 또 어떤 생활습관을 가져야 하는지에 대한 명쾌한 해답을 제시해주고 있다.

●아마존 식품건강분야 신간 1위　●출간 전 8개국 판권 계약

현대의학의 한계를 극복하는 새로운 대안
불치병의 원인과 치유법은 무엇인가 (가제)

앤서니 윌리엄 지음 | 배윤호 옮김 | 값 25,000원

이 책은 현대의학으로는 치료가 불가능한 질병으로 고통 받는 수많은 사람들에게 새로운 치료법을 소개한다. 저자는 사람들이 무엇으로 고통 받고, 어떻게 그들의 건강을 관리할 수 있는지에 대한 영성의 목소리를 들었다. 현대의학으로는 설명할 수 없는 질병이나 몸의 비정상적 상태의 근본 원인을 밝혀주고 있다. 당신이 원인불명의 증상으로 고생하고있다면 이 책은 필요한 해답을 제공해 줄 것이다.

●아마존 건강분야 베스트셀러 1위

서울대학교 말하기 강의 (가제)

김종영 지음 | 값 15,000원

이 책은 공론 장에서 타인과 나의 의견이 다름을 인정하고, 그 차이점을 조율해 최종적으로 합리적인 의사 결정을 도출하는 능력을 강조한다. 특히 자신의 말하기 태도와 습관에 대한 성찰을 통해, 자신에게 가장 적합한 말하기의 특성을 찾을 수 있다. 독자들은 창의적이고 구체적인 이야기 구성능력을 키우고, 논리적이고 설득적인 말하기 능력을 훈련할 뿐만 아니라, 말의 주체로서 자신이 한 말에 책임을 지는 윤리성까지 인식하는 과정을 배울 수 있다. 논술을 준비하는 학생을 포함한 교사와 학부모 그리고 말하기에 관심 있는 일반 독자들에게 필독을 권한다.

최고의 전략과 경쟁우위를 위한 핵심가이드

마이클포터 에센스

조안 마그레타 지음
김언수, 김주권, 박상진 옮김
값 17,000원

마이클 포터(Michael E. Porter)는 전략경영 분야의 세계 최고 권위자다. 개별 기업, 산업구조, 국가를 아우르는 연구를 전개해 지금까지 17권의 저서와 125편 이상의 논문을 발표했다. 저서 중 『경쟁전략(Competitive Strategy)』(1980), 『경쟁우위(Competitive Advantage)』(1985), 『국가 경쟁우위(The Competitive Advantage of Nations)』(1990) 3부작은 '경영전략의 바이블이자 마스터피스'로 공인받고 있다. 경쟁우위, 산업구조 분석, 5가지 경쟁요인, 본원적 전략, 차별화, 전략적 포지셔닝, 가치사슬, 국가경쟁력 등의 화두는 전략 분야를 넘어 경영학 전반에 새로운 지평을 열었고, 사실상 세계 모든 경영 대학원에서 핵심적인 교과목으로 다루고 있다. 이 책은 방대하고 주요한 마이클 포터의 이론과 생각을 한 권으로 정리했다. 〈하버드 비즈니스리뷰〉 편집장 출신의 저자는 폭넓은 경험을 바탕으로 포터 교수의 강력한 통찰력을 경영일선에 효과적으로 적용할 수 있도록 설명한다. 즉, "경쟁은 최고가 아닌 유일무이한 존재가 되고자 하는 것이고, 경쟁자들 간의 싸움이 아니라, 자사의 장기적 투하자본이익률(ROIC)을 높이는 것이다." 등 일반인들이 잘못 이해하고 있는 포터의 이론들을 명쾌하게 설명한다." 전략경영과 경쟁전략의 핵심을 단기간에 마스터하여 전략의 전문가로 발돋음 하고자 하는 대학생은 물론 전략에 관심이 있는 MBA과정의 학생을 위한 필독서이다. 나아가 미래의 사업을 주도하여 지속적 성공을 꿈꾸는 기업의 관리자에게는 승리에 대한 영감을 제공해 줄 것이다.

●전략의 대가, 마이클포터 이론의 결정판
●아마존 전략 분야 베스트 셀러
●일반인과 대학생을 위한 전략경영 필독서

월스트리트 저널(WSJ)이 포춘 500대 기업의 인사 책임자를 조사한 바에 따르면, 관리자에게 가장 중요한 자질은 〈전략적 사고〉로 밝혀졌다. 750개의 부도기업을 조사한 결과 50%의 기업이 전략적 사고의 부재에서 실패의 원인을 찾을 수 있었다. 시간, 인력, 자본, 기술을 효과적으로 사용하고 이윤과 생산성을 최대로 올리는 방법이자 기업의 미래를 체계적으로 예측하는 수단은 바로 '전략적 사고'에서 시작된다.

전략적 사고

부서를 초월한 업무능력
성과도출 능력
전반적 리더십
핵심재무/회계의 이해

〈관리자의 필요 자질〉

새로운 시대는 새로운 전략!

- 세계적인 저성장과 치열한 경쟁은 많은 기업들을 어려운 상황으로 내몰고 있다. 산업의 구조적 변화와 급변하는 고객의 취향은 경쟁우위의 지속성을 어렵게 한다. 조직의 리더들에게 사업적 혜안(Acumen)과 지속적 혁신의지가 그 어느 때보다도 필요한 시점이다.

- 핵심 기술의 모방과 기업 가치사슬 과정의 효율성으로 달성해온 품질대비 가격경쟁력이 후발국에게 잠식당할 위기에 처해있다. 산업구조조정만으로는 불충분하다. 새로운 방향의 모색이 필요할 때이다.

- 기업의 미래는 전략이 좌우한다. 장기적인 목적을 명확히 설정하고 외부환경과 기술변화를 면밀히 분석하여 필요한 역량과 능력을 개발해야한다. 탁월한 전략의 입안과 실천으로 차별화를 통한 지속가능한 경쟁우위를 확보해야 한다. 전략적 리더십은 기업의 잠재력을 효과적으로 이끌어 낸다.

〈탁월한 전략〉 교육의 기대효과

① 통합적 전략교육을 통해서 직원들의 주인의식과 몰입의 수준을 높여 생산성의 상승을 가져올 수 있다.

② 기업의 비전과 개인의 목적을 일치시켜 열정적으로 도전하는 기업문화로 성취동기를 극대화할 수 있다.

③ 차별화로 추가적인 고객가치를 창출하여 장기적인 경쟁우위를 바탕으로 지속적 성공을 가져올 수 있다.

- 이미 발행된 관련서적을 바탕으로 〈탁월한 전략〉의 필수적인 3가지 핵심 분야 (전략적 사고, 전략의 구축과 실행, 전략적 리더십)를 통합적으로 마스터하는 프로그램이다.

전략적 사고

전략의 구축과 실행

전략적 리더십

- 스마트 싱킹
- 퍼스널 MBA
- 지혜의 심리학

전략적사고: 지속가능한 성공을 위해 기업의 성과에 영향을 주는 새로운 사업적 기회를 인식하고 성과와 직접 연결된 가치사슬을 종합적으로 파악하여 문제의 해결책을 찾는 사고능력 배양으로 분석, 해석, 예측력 향상.

- 탁월한 전략이 미래를 창조한다
- 승리의 경영전략
- 신제품 개발 성공전략

전략의 구축과 실행: 기업의 열망과 이를 실현하기 위한 전략적 활동을 위해 어느 분야에서 경쟁을 하고 어떤 방법으로 승리할 것인지 전략의 선택과 실행 그리고 평가 프로세스를 전반적으로 이해하고 적용함

- 최적의 인재채용과 개발
- 이끌지말고 따르게하라
- 소통과 설득의 수사학

전략적 리더십: 전략을 실행하고 가시적인 성과를 내기 위해서는 구성원들과 원활하게 소통하고 동기를 부여하여 영향력을 발휘해야한다. 조직의 변화관리능력을 배양시키고, 기업과 개인의 목표를 일치시킴.

▶ 〈탁월한 전략〉 모델

BPM 리더십코스

 세계적 리더십 & 매니지먼트 전문 교육 기업 Crestcom International의 핵심역량 리더십 프로그램으로, CEO, 관리자, 핵심리더에게 필요한 글로벌 리더십 프로그램입니다.

1 CEO, 핵심리더에게 필요한 [10 Core Competencies]를 중심으로 각 분야별 매니지먼트 리더십 프로그램을 제공합니다

2 60개국의 CEO들을 대상으로 리더십 핵심 역량을 조사하여 관리자들이 갖추어야 할 리더십 핵심 역량을 10개 그룹, 24개 모듈로 세분화 하여 월 1회 4시간씩 12개월 과정으로 운영됩니다.

3 BPM 리더십코스는 관리자 등 핵심리더 교육프로그램으로 "사람(부하직원과 고객)의 마음을 얻는 스킬"의 내재화와 행동 변화에 초점을 맞추고 있습니다.

BPM 리더십 코스 핵심역량별 교육내용

경영리더십 핵심역량	각 모듈의 주제	주제강의
의사소통	• 경청의 힘 • 긍정적인 셀프이미지를 향상하라 • 유대감을 형성하라 • 긍정적인 커뮤니케이션으로 동기를 부여 하라 • 차원이 높은 커뮤니케이션 방법 • 효과적인 전화 커뮤니케이션	의사소통, 고객관리, 동기부여, 시간관리, 협상 문제해결, 전략적 사고, 경영혁신, 스트레스관리, 인사관리
고객관리	• 고객의 기대를 뛰어넘어라 • 까다로운 고객: 이렇게 대처하라	Lisa Ford
동기부여	• 성과를 높이는 열쇠: 칭찬하라 • 변혁적인 리더가 되어라 • 멘토링으로 리더를 육성하라 • 동기부여로 생산성을 향상시켜라 • 효과적 권한 부여의 7단계 • 직원들이 최고가 되도록 지원하라	John Hersey Nido Qubein John Hersey Jim Cathcart Bob Johnson John Hersey
시간관리	• 시간투자 전략을 개발하라 • 1시간을 70분으로 만들어라	Terry Paulson Jim Henning
협상	• 성공적인 협상법	Jim Henning
문제해결	• 관리자들의 창의성을 적극 활용하라 • 조직 내의 갈등을 해소하라	Bob Johnson Terry Paulson
전략적 사고	• 전략적으로 사고하고 전략적으로 기획하라 • 효율적 기획을 위한 7단계	Marcia Steele Bob Johnson
경영혁신	• 성공적으로 변화를 추진하라	Terry Paulson
스트레스관리	• 스트레스를 잡아라	Amanda Gore
인사관리	• 채용, 교육 그리고 직원 보상을 잘하는 법	Lisa Ford

창의성의 비밀을 밝힌다!
'스마트 싱킹' 세미나

인지심리학자와 〈스마트 싱킹〉의 역자가 함께하는
'스마트 싱커' 되기 특별 노하우

"성공을 무조건 좇지 말고, 먼저 스마트해져라!"

스마트 싱킹의 가치는 명백하다. 사물의 원리와 일의 원인을 생각하고, 의사소통하고, 의사결정
을 내리고, 행동하는 모든 과정을 통해 얻어지는 멘탈모델(Mental Model)의 밑바탕에는 언제
나 스마트 싱킹이 존재한다. 따라서 스마트 싱킹은 자신이 필요한 것을 더 수월하고, 신속하게
얻기 위한 지름길이다.

세미나 내용

- 스마트 싱킹이란 무엇인가?
- 스마트 싱킹의 법칙
- 스마트한 습관 만들기와 행동 변화
- 3의 원리가 가진 비밀과 원리 실행하기
- 고품질 지식의 획득과 문제 해결 능력
- 비교하기와 지식 적용하기
- 효과적으로 기억하고 기억해내기
- 조직을 살리는 스마트 싱킹

특강 및 교육 신청 및 문의: 진성북스, 02-3452-7762

진성북스 회원으로
여러분을 초대합니다!

진성북스 공식카페
http://cafe.naver.com/jinsungbooks

혜택 1

» 회원 가입 시 진성북스 도서 1종을 선물로 드립니다.

혜택 2

» 진성북스에서 개최하는 강연회에 가장 먼저
초대 드립니다.

혜택 3

» 진성북스 신간도서를 가장 빠르게 받아 보실 수
있는 서평단의 기회를 드립니다.

혜택 4

» 정기적으로 다양하고 풍부한 이벤트에
참여하실 수 있는 기회를 드립니다.

- 홈페이지 : www.jinsungbooks.com
- 블 로 그 : blog.naver.com/jinsungbooks
- 페이스북 : www.facebook.com/jinsungbooks

– 문 의 : 02)3452-7762

진성북스
JINSUNGBOOKS